被災地協働

第一回全国交流集会から

関西学院大学災害復興制度研究所〔編〕

関西学院大学出版会

被災地協働——第一回全国交流集会から

序

阪神・淡路大震災から一〇年が過ぎました。被災者は今も、あの一月一七日早朝の出来事はもちろん、それから数カ月、いや数年の復旧・復興体験を語り合います。震災の話となれば誰でも旧知の間柄のようにうち解けてしまう光景が、神戸・阪神間のいたるところに見うけられます。バブルの夢醒めやらぬ「豊かな国」日本で六〇〇〇人を超える死者を一度に弔った、あの運命共同体の記憶が生き続けているのです。

震災一〇年を迎えた二〇〇五年一月一七日、関西学院大学は「災害復興制度研究所」を新設しました。被災地の西宮に本拠をもち、学生・教職員二十三名が犠牲になった大学として、大災害後に待ち受ける被災者の生活と地域の復興という公的課題に対して、机上の空論におわらない知的貢献を目指しています。震災一五年を迎えるまでに、国や自治体の復興支援制度の問題点を根本的に洗い出し、「人間復興」の視点に立つ「災害復興基本法」案を広く世に問いたいと考えています。

二〇〇五年二月一二日、研究所の初仕事として、「被災地の協働で復興制度を考える～第一回被災地交流集会 at KG」を開催しました。十数年前から現在にいたる全国の被災地関係者、大学の研究者からＮＰＯリーダー、自治体首長、政府の政策立案者まで、多種多様な「復興リーダー」が西宮上ケ原キャンパスに集いました。精力的なディスカッションを通じて、地震、風水害、噴火災害、雪害、土砂崩れなど、自然災害の多面性を再認識するとともに、復興過程における支援制度を抜本的に改善する必要性を痛感させられました。

本書には当日のディスカッションのすべてが収録されています。日本の災害復興制度を成熟させるための第一級の資料であると自負しています。当日の交流集会参加者各位に心から御礼を申し上げます。最後に読み上げられた「議長団ステートメント」にありますように、「被災地の体験を共有し、再生への知恵を育みながらダイナミックに連帯していく」ことを、できれば読者各位とともに、心に刻んでいきたいと思います。

関西学院大学災害復興制度研究所 所長　宮原浩二郎

目次

第二部　全体討論

被災地交流集会出席者

※北から

●有珠山噴火災害

山中　漠　　壮瞥町長

●北海道南西沖地震（奥尻島津波被害）

長崎武巳　　奥尻町企画観光課主幹兼企画振興係長

●三宅島噴火災害（全島避難）

木村拓郎　　社会安全研究所所長

宮下加奈　　ネットワーク三宅島代表

村上　康　　三宅村商工会業務係長

●新潟県中越地震

金子洋二　　新潟ＮＰＯ協会常務理事・事務局長

長崎　忍　　（財）ニューにいがた振興機構総務・地域支援担当課長代理

長島忠美　　山古志村長

○新潟県中越地震支援・那須水害

矢野正広　　とちぎボランティアネットワーク事務局長

●〇四年豪雨災害
筒井建策　香川県社会福祉協議会事務局長

●鳥取県西部地震
草地大作　日本キリスト教団境港教会牧師
山下弘彦　日野ボランティア・ネットワーク

●雲仙・普賢岳噴火災害
福崎博孝　福崎博孝法律事務所弁護士

●阪神・淡路大震災
藤原雅人　兵庫県復興本部総括部参事
金芳外城雄　神戸市収入役

●大学・研究機関
渥美公秀　大阪大学大学院助教授
矢守克也　京都大学防災研究所巨大災害研究センター助教授

●中央省庁
渋谷和久　国土交通省都市計画課　開発企画調査室長

●NGO
出口俊一　兵庫県震災復興研究センター事務局長

●議長団

宮原浩二郎　災害復興制度研究所所長、社会学部教授

村井雅清　被災地ＮＧＯ協働センター代表、震災がつなぐ全国ネットワーク代表

池田啓一　ＮＰＯ法人都市生活コミュニティーセンター事務局長

山中茂樹　朝日新聞編集委員、４月より研究所主任研究員・教授に就任予定

□関西学院大学災害復興制度研究所

室崎益輝　顧問・独立行政法人 消防研究所理事長

荻野昌弘　関西学院大学社会学部教授、災害復興制度研究所統括研究員

髙坂健次　関西学院大学社会学部教授

□関西学院

平松一夫　関西学院大学学長

畑　道也　学校法人関西学院院長

（※役職は開催時のもの）

開会あいさつ

【山中】 時間になりましたので、第一回被災地交流集会を開きたいと思います。長年記者活動をやっておりますけれども、これだけ全国の被災地からお集まりいただけるのは、おそらく前代未聞、空前絶後ではないかと思っています。皆さん、連休の真っただ中にお集まりいただきましてありがとうございます。感謝申し上げます。

本日の集会を開催するに当たりまして、実は、私ども、一般の方に参加を公募いたしませんでした。というのは、なぜかと申しますと、主体的に災害復興とか被災地支援とか、それぞれ志をお持ちの方々にお集まりいただきたい。いわゆるここに傍観者はいない、皆さん当事者として、それぞれの被災地責任(1)というものを担える方ばかりにお集まりいただきたいと思ったからであります。で、本日の集会を契機として、私ども、大それた計画を持っておりまして、被災地ネットワークを構築できないかとか、あるいは、それをもとにして、戦後の被災地の復興支援の法システムを一回棚卸しにして、新しい基本法を提唱できないかとい

※編者注
以下、脚注は災害復興制度研究所による。

(1) 被災地責任
阪神・淡路大震災翌年の一九九六年七月、兵庫県西宮市で旗揚げした市民団体「公的補償を求める有志の会」が機関誌創刊号で提唱した「被災者責任」と同義語。被災者＝被災地には災害の体験をだれにでもわかる形にして伝えていく責務があるという考え方。

うように、いろいろ考えております。皆様のお力添え、あるいは、今後、さらに災害が起きた場合、皆さんの力で未来の被災地を支援していくことができないかと考えております。どうぞよろしくお願いをいたします。

では、会を始めるに当たりまして、私ども関西学院大学災害復興制度研究所の顧問を引き受けていただいている消防研究所の理事長で、神戸大学の名誉教授でいらっしゃいます室崎益輝先生に一言ごあいさつをいただきたいと思います。

被災体験を減災の力に

【室崎】 関西学院大学の災害復興制度研究所の顧問の一人としてごあいさつさせていただきたいと思います。この復興制度研究所と今日の被災地交流集会にかける思いみたいなことを、ちょっとお話をさせていただきたいと思います。

二一世紀の前半というのは大変な時代になると思っています。地震等自然災害は言うまでもないことですけれども、戦争、テロ、あるいは犯罪という社会的災害も、このまま増えてくると、その度合いを非常に強めていくことになります。いわゆる危機の時代を迎えるわけでございまして、それだけに、それから引き起こされる被害を軽減するという大きな責務を、私どもは負っているように思います。その場合に、私は、被災体験を減災[2]の力にしないといけないと思っているわけです。まさに体験というのは、悲しい出来事ではありましたけれども、そ

(2) 減災
災害による被害ゼロを目標とする「防災」は現実的な概念ではないとして、最近、主流になりつつある考え方。一九九〇年から始まった国際防災の一〇年でも「防災」ではなく、「減災」がうたわれた。

れは次の災害に備える場合には大きな力になるということだと思います。

アンケート調査などで、過去に災害の体験があった人とない人とを比べて、準備をよくしていますかと尋ねると、体験のある人がよく準備をしているという結果が得られます。当たり前のことなんですけど、体験は力になります。私はその体験を個々の問題ではなくて、社会としてやっぱりそれを全体のものにしていく、体験した人だけのものではなくて、世界中すべての人のものにしなければならないと思っているわけです。だから、私は、「まず体験を教訓にしよう」と。で、「教訓を今度は文化にしよう」と。文化になったとき、それは力を持つんだということを常に言ってきているわけで、特に文化ということを申し上げるときに、私は、社会的な仕組みと制度だと言っているわけです。制度にしなければ、次の災害に備えるというか、そのときに役に立たない。

例えば、被災者生活再建支援法(3)はいろいろ不十分な点はございますけれども、まがりなりにもそういう制度があったおかげで、少なくともいろんな昨年の豪雨水害だとか中越の地震とかで、多少はお役に立っていると思っているわけです。そういう意味でいうと、やはり次の災害に備えてどういう制度をしっかりつくっていくのかということが今ほど求められている時はない。特に災害援助法等(4)の体系を見ますと、戦後間もなくつくられた、非常に社会情勢が違った時代につくられたものでありまして、昨今の災害の状況に合わないミスマッチの部分が非常に多いわけであります。行政が次の災害ということを念頭に置いて、やはりそ

(3) 被災者生活再建支援法
自然災害の被災者で自力再建が困難な世帯に対し、都道府県が相互扶助の観点から拠出した基金を活用して、支援金を支給し、被災者の自立した生活の開始を支援する制度。一九九八年五月に成立した。その後、居住安定支援の考え方が導入され、二〇〇四年四月から支給金額が最高三〇〇万円に引き上げられた。支給にあたっては国が半額助成する。

(4) 災害援助法等
一九四六(昭和二一)年の昭和南海地震の反省から翌一九四七(同二二)年に災害救助法が、伊勢湾台風(一九五九=昭和三四年)を教訓に一九六一(昭和三六)年には災害対策基本法が、新潟地震(一九六四=昭和三九年)では地震保険法(一九六六=昭和四一年)がつくられた。

の制度の見直しをしないといけないと今思っておりまして、この災害復興制度研究所に課せられた課題といいますか、責務は非常に大きいだろうと思っております。

そこで、次の話ですが、じゃ、どうやって制度をつくるのかというときに、やはり僕は、被災体験を持ち寄るというか、個別の被災体験を持ち寄って共有化をして、普遍化をしていくという作業がどうしても欠かせないだろうと思うわけです。体験の共有化ということでは、いろんな被災体験を持ち寄って、そこでお互いに、その中で一般化できることというか、共通するものを確認し合うという作業がどうしても必要であると思っています。

中越の地震が起きたときに私自身が感じたことは、神戸の経験(5)は必ずしも中越に役に立つわけではない、それぞれの特殊性があって、それぞれの違いをまず理解しないと一般化できない。ただ、神戸の体験だけで制度をつくってしまうと、多分、その制度はほかの地域には必ずしもうまく合わないものになってしまう。それだけに、さまざまな体験の教訓というか、そういうものを持ち寄って、できるだけ共通するものを拾い上げていく作業が必要だろうと思っているんです。その場合に私が強調したいのは、小さな体験を大きな教訓にするということです。大きな災害だから、大きな教訓になるということではありません。僕は、非常に小さな災害であっても、そこには非常に重要な教訓が潜んでいるように思っている。だから、災害の規模で云々するのではなくて、そこに隠された教訓

(5) 神戸の経験
一九九五(平成七)年一月一七日午前五時四六分、淡路島北部を震源に発生した都市直下型の大地震「阪神・淡路大震災」(気象庁の命名は兵庫県南部地震)では、コミュニティーの大切さや木造住宅の耐震性不足、政府の危機管理能力の不足などが指摘された。

というか体験をどうやって拾い上げていくのかという意味でいうと、小さな一人一人の個別の体験であっても、大きな教訓として育てていく努力が必要だし、そういうものに目を向ける姿勢が必要であるということをひとつ思っているわけです。

もう一つ、こういう体験の共有化なり普遍化する場合には、違いを理解し合うことが欠かせません。それぞれの地域、社会、風土で、例えば他の国の災害の教訓を理解しようと思うと、政治だとか風土だとか宗教だとか、そういうことまでしっかり理解し合わないと、やっぱり体験の共有化はできないわけであります。そういう地域の持っている特徴、特殊性だとか、人々の考え方だとか暮らしだとか、そういうことを理解し合うということがあって初めて、そういう共有化というのはできるように思います。今回はそういう意味で、多くの場所から、あるいはさまざまな体験をお持ちになっている方にお越しいただいたわけでございまして、そういう被災体験の共有化の第一歩に今日の会合がなればと思っております。

【山中】　では、関西学院大学の学長の平松一夫がごあいさついたします。よろしくお願いします。

【平松】　本日、さまざまな災害の経験をお持ちの方々に、関西学院大学にお集まりいただきましたことに感謝申し上げます。特に、喫緊の復興の課題を抱えておられるところからも、あえて時間を割いてここに来ていただきましたことに、非常に感謝しております。

阪神・淡路大震災からちょうど一〇年になるわけですけれども、関西学院大学は一〇年を期して、これから被災地にある大学としての責任を果たしていきたいということで、今年一月一七日にこの研究所を立ち上げたわけであります。私どもは、阪神・淡路大震災のときに、学生、教職員、卒業生ら合わせて六十数名の者を失っている(6)わけであります。このことを忘れずに、そして、他の多くの災害に遭われた方々とも、経験を共有する中で、何か今後のためになるようなことを見出せないかと、このような思いで災害復興制度研究所を立ち上げたわけであります。

また、国内だけでなくて、国際的にもさまざまな災害が起きております。最近では、昨年末のスマトラ沖大地震(7)による津波がありました。実は、日本で唯一なんですけれども、関西学院大学は国連のボランティア計画と連携して、スリランカに学生二名を送り込んでいます。本来はＩＴでもってその国の人々に貢献するはずでありましたが、しばらくは災害に遭われた方々の支援のために活動するということで今活動を続けているという国際的な事柄でもございます。いずれにしましても、このようなさまざまな災害は、人知の及ばないところで起こるわけでありますが、そうであるとするならば、やはり復興ということを考えないといけないということで、このように皆様方にそれぞれのご経験を語り合っていた

(6) 関西学院の被害
阪神・淡路大震災により、関西学院では在学生一五人、理事一人、現・元教職員七人が倒壊した家屋や土砂崩れの下敷きとなって亡くなった。さらに、同窓会の調査で判明した卒業生の犠牲は四一人。三〇〇人近い教職員の住宅が全半壊、一部損壊の被害を受けた。大学の施設も被災し、損害額は総額一〇億三〇〇〇万円にも及んだ。

(7) スマトラ沖大地震
二〇〇四年一二月二六日（日）午前八時（日本時間二六日午前一〇時）ごろ、インドネシア西部、スマトラ島沖でマグニチュード九・四という史上最大規模の巨大地震が発生した。「ＣＯＤＥ海外災害援助市民センター」のまとめによると、二〇〇五年四月一四日現在の死者・行方不明者は二二万人を超える。二〇〇五年三月二八日午後一一

だきたい訳でございます。

それから、先ほどもお話がございましたが、これが空前絶後となってもらっては困るんです。山中さんがおっしゃった空前絶後、こうしてお集まりいただくのが空前であったとしても、絶後にならないようにしたいと思います。実は今日の会合は多くの方々にぜひもっとオープンにしてほしいという声も寄せられました。しかし、私どもとして、最初にやはり実りのある議論を当事者でやるという精神でもって、このように比較的小さな形での会合としております。しかし、いずれかの時点で、皆様方のお知恵をまとめて社会に公表していく時期が参りましたら、その節にはそういう形で、皆様方のお力添えを得てやっていく必要があるかと思っております。

重ねて、今日お集まりいただきましたことに対して感謝申し上げます。こうしてお集まりいただきましたことの中から成果の一歩が出てきて歩み出すという期待を込めまして、私の学長としてのごあいさつといたします。

【山中】では、議長団のほうにちょっとマイクを譲りまして、宮原先生からお願いします。

【宮原】議長の一人を務めさせていただきます関西学院大学の宮原と申します。よろしくお願いいたします。

時過ぎ（日本時間二九日午前一一時過ぎ）にはスマトラ島沖でマグニチュード八・七の地震が起き、ニアス島を中心に六〇〇人を超す犠牲者を出した。

私は、この一月一七日に開設いたしました災害復興制度研究所の所長ということで、まだなりたてほやほやでございますけれども、今回は一番初めての大きな催しということで、先ほどからいろいろお話が出ておりますように、北から南、北海道から九州、それから、災害の種類(8)をとりましても、火山災害、地震、台風、豪雨、そういうさまざまな種類の災害にかかわってこられた方々、それから、職業、仕事の面を見ましても、行政官の方もいらっしゃいますし、NPO、NGOの方もいらっしゃる。それから大学の研究者、弁護士の方もいらっしゃるということで、大変、多様性を持った集まりを開くことができて大変うれしく思っております。基本的に、特に災害復興に関して情熱を持って取り組もうとする人々のつながりというのが一番重要なのではないかと思います。そういう意味で、平凡な表現ですけれども、人のつながり、ネットワークを、今回の会合、集会を機にきちっとつくっていきたいと考えています。

【村井】 一〇年前の阪神・淡路大震災(9)をきっかけに被災地でき上がった被災地NGO恊働センター(10)の村井と申します。この一〇年間、災害が国内外で相次いでいるわけですけれども、災害救援というボランティアの文化は定着してきたように思います。だけど、当然ですけれども、災害が起きる前にいかに手を打つのかということも大事だし、起きてからの暮らしの再建等々についてどう考えるかということも大事だと思います。そういう意味では、ボランティアのサ

(8) 自然災害
被災者生活再建支援法は、自然災害を暴風、豪雨、豪雪、洪水、高潮、地震、津波、噴火その他の異常な自然現象により生ずる被害をいう、としている。

(9) 阪神・淡路大震災
一九九五年(平成七年)一月一七日午前五時四六分、淡路島北部を震源に発生した都市直下型の大地震。気象庁の命名は兵庫県南部地震という。震源地は北緯三四度三六分、東経一三五度〇二分、震源の深さ一六キロ。地震の規模をあらわすマグニチュードは当初七・二だったが、二〇〇一年四月二三日、気象庁の算出法の改正に伴い七・三に改められた。大都市直下地震の意味を強調するため、マスコミ報道では地震一週間後くらいから「阪神大震災」の呼称が一般的となったが、淡路島では不評だった。消防庁のデータでは、人的被害は直接死五五二一人、関連死九一二人の計六四三三人。行方不明三人、負傷者四万三七九二

イドでも、災害サイクルという視点の中で、緊急から復旧・復興、そして事前の備えという形のものをきちっとつくり上げていかなければならないのではないかと思っています。そういうような視点で、今日は皆さんからいろいろな体験をお聞きして学んでいきたいと思います。

【池田】 池田と申します。私は生まれたのが昭和三八年、三八豪雪(11)という大雪の年に、新潟県十日町市というところで生まれました。そこが今、中越地震の被災地になっておるわけでして、私は三〇代のときに阪神・淡路大震災に遭っています。かように日本の中で暮らしていると、生まれたところだとか、育ったところだとか、今暮らしているところだとか、どこかで災害に遭うんだということが、この間、はっきりしてきているなと思っています。

ただ、先ほど室崎先生がおっしゃったように、災害救助法(12)というのは戦後すぐできたんですけれども、そこから今まで、あの東京があまり大きな災害に遭っていないということが、いろいろな面で影響しているということを我々はよくよく考えていかなきゃいけないのかなと思っています。

今日は私はちょっと憎まれ役を仰せつかりまして、これだけの皆さんが集まったということが今日の大きな成果であって、残念ながら、議論を詰めていく作業というのは時間がほとんどございません。そこで、皆さんのご発言を時々さえぎらせていただきます。大変申しわけありませんが、よろしくご協力をいただくよ

人。住家被害は、全壊一〇万四九〇六棟（一八万六一七五世帯）、半壊一四万四、二七四棟（二七万四一八〇世帯）、一部損壊二六万三七〇二棟の計五一万二八八二棟に及んだ。

(10) 被災地NGO協働センター
阪神・淡路大震災発生後の一九九五年一月一九日に結成された、阪神大震災地元NGO救援連絡会議（代表・草地賢一）の分科会の一つとして、同年八月一日「仮設住宅支援連絡会」として発足。翌一九九六年四月一日、「阪神・淡路大震災『仮設』支援NGO連絡会」に改組し、分科会より独立。一九九八年四月一日より「被災地NGO協働センター」と改称し、現在に至る。二〇〇〇年九月に第一二回毎日国際交流賞受賞、二〇〇〇年一〇月に国際ボランティア学会隅谷三喜男賞受賞。

(11) 三八豪雪
昭和三八年（一九六三）一〜二月にか

うにあわせてお願い申し上げます。

け、北陸を中心に死傷者約六〇〇人、家屋の損壊一万一〇〇〇戸以上、被災者は一万人に達した豪雪。雪に関して初めて災害救助法が発令された。また、災害対策基本法制定後、初めての非常災害対策本部が設置された。

(12) 災害救助法
一九四六年の昭和南海地震を契機に翌四七（昭和二二）年に制定された。災害に際して、国が地方公共団体、日本赤十字社その他の団体及び国民の協力の下に、応急的に必要な補助を行い、被災者の保護と社会の秩序を図ることを目的としている。被災者の生活復興はまったく考慮されておらず、関東大震災当時の騒乱状態を念頭においてつくられた「災害治安維持法」との批判もある。

第一部　最近の被災地からの報告

（2005 年 2 月 12 日，関西学院会館）

三宅島噴火災害――帰還が始まって

【山中】　順番としましては、今、全島が帰還が始まっております三宅島の火山災害のグループからお話を三〇分いただきます。それから、現在も避難生活が続いていています新潟県中越地震、山古志村の村長さんも来ていただいていますけれども、新潟県から三〇分、それから〇四年豪雨災害、豊岡を予定していたんですが、今回はちょっと無理ということで、高松から一五分という感じでお話をいただきたいと思います。

木村さんは被災者ではないんですけれども、火山列島というか、雲仙（普賢岳噴火災害）(13)から有珠山（噴火災害）(14)、それから三宅島等々、災害には深くかかわっていらっしゃる社会安全研究所の所長というか社長でいらっしゃいます。よろしくお願いいたします。

被災の全体が見えない火山災害

【木村】　今ご紹介いただきました木村でございます。今ご紹介にありましたが、私もそういう防災のコンサルタントという仕事をして、もう三四年こういうこと

(13)　雲仙普賢岳噴火災害
一九九〇（平成二）年一一月一七日、長崎県島原半島の中央部にそびえる雲仙普賢岳が一七九二（寛政四）年以来、約二百年ぶりに噴火。一九九六（平成八）年に終息宣言が出されるまで約六年間も噴火活動が続いた。一九九一（平成三）年五月には土石流と火砕流が発生。同年六月には二度にわたって大火砕流が発生し、六月三日には四三人の犠牲者を出すとともに、一七九棟の家屋が焼失・倒壊した。また、家屋一四八棟を飲み込む大規模な土石流も発生した。このため、島原市、深江町に警戒区域が設定され、島原市だけでも最大で二〇四七世帯七〇二八人が避難を余儀なくされた。噴火活動の長期化に伴い避難生活も長期化し、応急仮設住宅が全て撤去されるまでに四年以上の歳月がかかった。

をずっとやっております。この間、先ほどお話がありました雲仙ですとか、いろんなところに支援をさせていただいて、平成一二年からは三宅の災害があって、災害当初から住民の方と活動をさせていただいております。

今日はしょっぱな、まず三宅ということでありますけれども、ご承知のように、二月一日避難指示(15)解除ということで、今日で一二日目になります。三宅島の避難指示解除を皆さんがどういうふうに受けとめているのか、非常に私も関心があるところなんですが、私のところにもマスコミ関係者からいろいろ問い合わせがありました。一体この三宅の災害の避難指示解除ということについて、何が取材のポイントなのか、何が課題なのか、どうも報道関係者もよくわからないということですね。地震災害、風水害と違って、火山災害は非常に見えにくい厄介な災害でありまして、問題の絞り方がどうもできないというようなことがあります。

いろいろ理由はありますが、例えば島の被害の全体が見えてこないんですね。それから、避難している住民等の生活の実態、これが個別にはわかるんだけれども、統計的なデータが全然ないですね。それから、はっきり言って、今もガスが出ております。「そういうところにほんとうに帰島できるの、していいの」というような問題も出ています。あるいは、今後、火山ガスとの共生ということについて、それぞれどういう形なのかというようなイメージがどうもできない。そういう中で、昨年、東京都の石原知事が言いましたように、「これは自己責任(16)ですよ」という形で、何か念書までとるようなこともあったように聞いておりま

(14) 有珠山噴火災害
二〇〇〇年三月三一日午後一時過ぎ、有珠山西側斜面から噴火。火口に最も近かった胆振支庁虻田町の避難指示が最終的に解除されたのは二〇〇一年六月二〇日。全半壊世帯は五三三戸にのぼった。

(15) 避難指示
災害対策基本法六〇条で定められた措置。災害が発生、あるいは発生する恐れがあり、人の生命・身体に危険が及ぶと判断されるとき、市町村長が立ち退きを勧告、さらに状況が悪化、急を要するときは立ち退きを指示することができるとされている。さらに同法六三条では、当該区域への立入りを制限、禁止し、当該区域からの退去を命ずることができる警戒区域の設定が認められている。

(16) 自己責任
東京都三宅村は帰島にあたって、村民に「火山ガスのリスクを受容し、自己

すが、非常にわかりにくい災害だということが言えるかと思います。

いずれにしても、もう避難してから四年半になりますが、こういう災害も非常に前例のない災害ですね。時間の経過に伴って、火山災害の場合には被害が拡大するというのが大きな特徴で、これを私は累積型災害(17)と言いまして、被害がどんどん膨らんでくるという意味で累積災害というふうに見ているわけです。三宅の例でいえば、これは災害ではないんですが、この四年半の間に亡くなった方が二百人でして、それから、島の住宅が、屋根がメタンガスとか何かで何らかの被害を受けている、これが全体の四割に上っておりますし、それから、全島避難で無人島と化したところでシロアリ(18)が発生していて、三軒に一軒はそういう被害があるというようなこともあります。それから、島に置いてきた自動車三、四〇〇台が全部パアですね。ほとんど使えない。それから、避難生活中に生活保護の新たな対象となった方が災害前の五倍にまで膨らんでいるということですね。そういう経済的な問題もかなり深刻です。

島の畑もはっきり言って全滅状態で、草、あるいは竹、木、こういうのが繁殖しておりますので、作付できるまでに二年とか、そのぐらいかかっちゃう。収穫までが一年ですから、もうここ二、三年収入がないというような状況がどうも続く。ですから、三宅のケースでいけば、災害は終わりではなくて、まさに被災地の中に帰ってきた。これからどうするかということで、今後のことがかなり深刻な問題として上がっています。帰島する方は、帰れるという安堵感はありますが、

の判断で帰島します」との文面が印刷された「帰島意思確認書」に署名・押印することを求めた。帰島にまつわる自己責任論は、二〇〇四年七月に石原慎太郎都知事が「何か起こった時に責任を都に持ってこられても対処しきれない。一札取ってそれぞれが帰島の選択をすべきだ」と発言したのがきっかけ。

(17) 累積型災害
火山ガスによる三宅島の自然界の被害は、全島五五五〇ヘクタールのうち、約三分の一で緑が失われたほか、日本野鳥の会の会員らの調査によると、オーストンヤマガラとウグイスの仲間ウチヤマセンニュウの個体数がほぼ半減していることがわかった。両種は国のレッドリストの絶滅危惧種二類に記載されている。

(18) シロアリ（被害調査結果）
全島避難後の環境変化に伴い、島内のシロアリが異常に増殖し、一時帰宅実

火山ガスが噴き上がる三宅島（2005 年 1 月 30 日）

かなりの不安感を持って今帰島を開始しているというのが実情ではないかと思います。

そこで、今日は、三宅の方お二方にご一緒に来ていただいております。一人は島民の一般の生活についてお話をいただくようにということで、元三宅島島民連絡会[19]事務局をやっています宮下さんと、それから、三宅島の商工会の関係で村上さん、村上さんには産業、農業、漁業関係の話をしていただこうかと思っております。

それでは、宮下さんのほうから。

施後多くの被害報告があった。三宅村で全島の家屋及び自然林等の調査を実施したところ、公有地・民有地内の直接家屋に被害を与える可能性のある営巣は、全島で一〇カ所確認された。また、住民立会いのもとに家屋調査を実施したところ、一〇六世帯でシロアリ被害が確認された。（二〇〇二・九・一八東京都災害情報）

（19）三宅島島民連絡会
避難中の島民間のきずなを深める目的で、二〇〇二年四月二一日結成された。避難指示の解除が決まった〇四年末に解散した。

本当に困っている人が助けてもらえない

【宮下】 私は、一島民として、広くこの避難生活について、思ったことをお話ししたいと思います。

全島民が被災地を離れて、全く別の場所に避難するという長期の生活をするのは、これが初めてだと思うんですが、特に高齢者が多く、島を離れての生活というのをしたことがない人たちがほとんどで、ある程度、避難先を決めるときに配慮はあったとはいっても、今までの住みなれた雰囲気が崩壊しての避難生活ということで、かなりストレスもたまり、ならないような病気になったりという方が多かったなというふうに思っています。

あくまでも自然相手の先の見えない生活というのが長く続きましたので、健康面でもいろいろ問題はありましたけれども、生活の面でもかなりストレスがたまったのかなというふうに思っています。早い時期に生活再建支援法が適用(20)されたんですけれども、このときに実際に適用されない人がおりまして、収入の査定ですとか世帯主の年齢によってかなり制限が多かったので、適用されずに、実際に本当に困っている人が助けてもらえない支援法だったという印象を持っている人がかなりいます。

具体的な例を挙げますと、子供を育てている、教育費がかかる、家を建てたので、家族で、夫婦で頑張って働いてきたことが逆にマイナスになって、支援法の適用

(20) 被災者生活再建支援法適用状況
内閣府によると、三宅島噴火災害に対する支援金の支給状況は、一四八四世帯計一一億七八六五万九〇〇〇円（〇五・三・三一調べ）。噴火前の二〇〇〇年三月三一日現在、島民は一九一四世帯三七七五人。

(21) 保全費用（三宅島帰島生活再建支援制度）
三宅島の噴火災害と四年余の全島避難で破損した住宅の新築・修繕などに最大一五〇万円を独自支給する東京都の支援策。二〇〇五年二月一日の全島帰還に伴い制度化された。支援策は、住宅の新築や修繕（屋根や畳、ふすま、

が受けられなくて、必要な家財がそろえられなかったとか、借金の上にまた借金を重ねて生活をしなければいけなかったというような実例が結構ありました。

被災地を離れていますので、避難生活中に自分の財産、家を保全したりということがなかなか難しくて、なかなか被災地に入ることができなかったこともあるんですけれども、家がどんどん壊れていくのをただ見ているだけ。いつ避難解除されるかわからないし、どれだけこれから被害が広がるかわからないということで、家の保全をしたくても手をつけられなかった。その結果、家が、とてもお金をかけなければ住めない状態になってしまった。だけれども、先ほど言った収入の制限などによって支援法を受けられない、新たな東京都の一五〇万の保全費用(21)を受けられない、そういったことが結構問題かなというふうに思います。あくまでも安全宣言の出されたところへの帰島ではないので、今でも帰ること自体に不安を持っている人も多いですけれども、ガス(22)が出ているということで帰島すること自体も難しい、プラス再建するのにどうしようかということでなかなか難しい状況が起きていると思っています。

あと、コミュニティーが壊れたということで、少しでもみんなで共通の問題を解決していこうと、島民連絡会を立ち上げたんですが、それが、個々の問題がかなり個別になってきてだんだん難しいかなというふうに思っています。

給排水設備、電気、ガス設備など）に要する経費を支給する。住宅の解体・撤去、引っ越し代、家財などに対する国の支援制度（上限三〇〇万円）とあわせ、最大支給額は四五〇万円となる。同村の約一九〇〇世帯のうち都の支援対象となるのは約一三〇〇世帯。収入制限（一〇〇〇万円）を超えたり、村営住宅に入居する世帯、帰島を断念した世帯など約六〇〇世帯は対象外。

(22) ガス
全島避難当時、日量五万トンを超えていたガスの噴出量は、帰島時、多い日でも一万トン前後にまで減ったが、それでも桜島の一・五倍程度を維持している。このため、専門家は今後も数年間は噴出が続くと見ており、島内は雄山を中心に「立入禁止区域」「危険区域」必要最低限の通過のみが認められている「高濃度地区」(阿古高濃度地区、坪田高濃度地区)が設けられた。また、島内では、ガスマスクの常時携帯が義務づけられている。

さらに厳しい自営業の状況

【村上】　三宅島(23)から参りました村上と申します。

私は、木村先生が言われましたように、商工会ということで、我々商工業も含めた自営業の現状等を多少述べさせていただきたいと思います。

その前に、ほとんど仕事で島に帰っておりますので、現状、島の状況ということですが、二月一日午後三時に避難指示解除に際して、その日の船から帰島が始まったわけですけれども、私の持っている資料によりますと、六日に連絡会議がありまして、出席した中の資料によりましては、世帯累計として三〇〇世帯、それと、人数の累計としまして約四〇〇人ということで、それからまた四、五日たっておりますので、いくらかずつ増えているかなというところでございます。これにつきましては、あまり数字が伸びてこないということに対しまして、帰島に対する時季的な問題がかなりあるんじゃないかというようなことを思いますし、島民の中ではそういったことが話されてるというような状況です。

ただ、あわせまして、現在、復旧作業員として、三宅島島外の方が約七〇〇人から八〇〇人いると思うんですが、四〇〇プラス八〇〇人となりまして、一二〇〇人の中で三宅島の第一歩がスタートしたというところでございます。

三宅島というのは、今さらでもないんですが、東京から一八〇キロという太平洋上にございまして、人口は、噴火前には三八〇〇人、古くは酪農とか、または

(23)　三宅島
伊豆七島の一つで大島の南南東七五キロメートルにある火山島。面積五五平方キロメートル、周囲三五キロメートル、中央に標高八一四メートルの雄山(おやま)がそびえ、海岸の断崖と、噴火による熔岩原がある。東京竹芝桟橋から船で六時間半～七時間。島は、およそ北緯三四度で温帯と呼ばれる気候帯に属しているが、暖かい黒潮の影響を直接受けているため、夏から秋にかけては、海水温度が二七～三〇度近くまで上がり、北限とされるテーブルサンゴ群やたくさんの熱帯性の魚などを見ることができる。

黒炭とか、そういった産業、その後に海に出て、漁業ということで、テングサというところてんの材料ですが、これが日本一の生産高ということで産業推移しまして、昭和四五年ごろから離島ブーム(24)ということで観光産業の占めるウエートが高くなったというような地域です。

噴火前につきましては、特にその中で若者に人気のあるダイビング、あるいはイルカウォッチングというような新たな観光のスタイルができ上がって軌道に

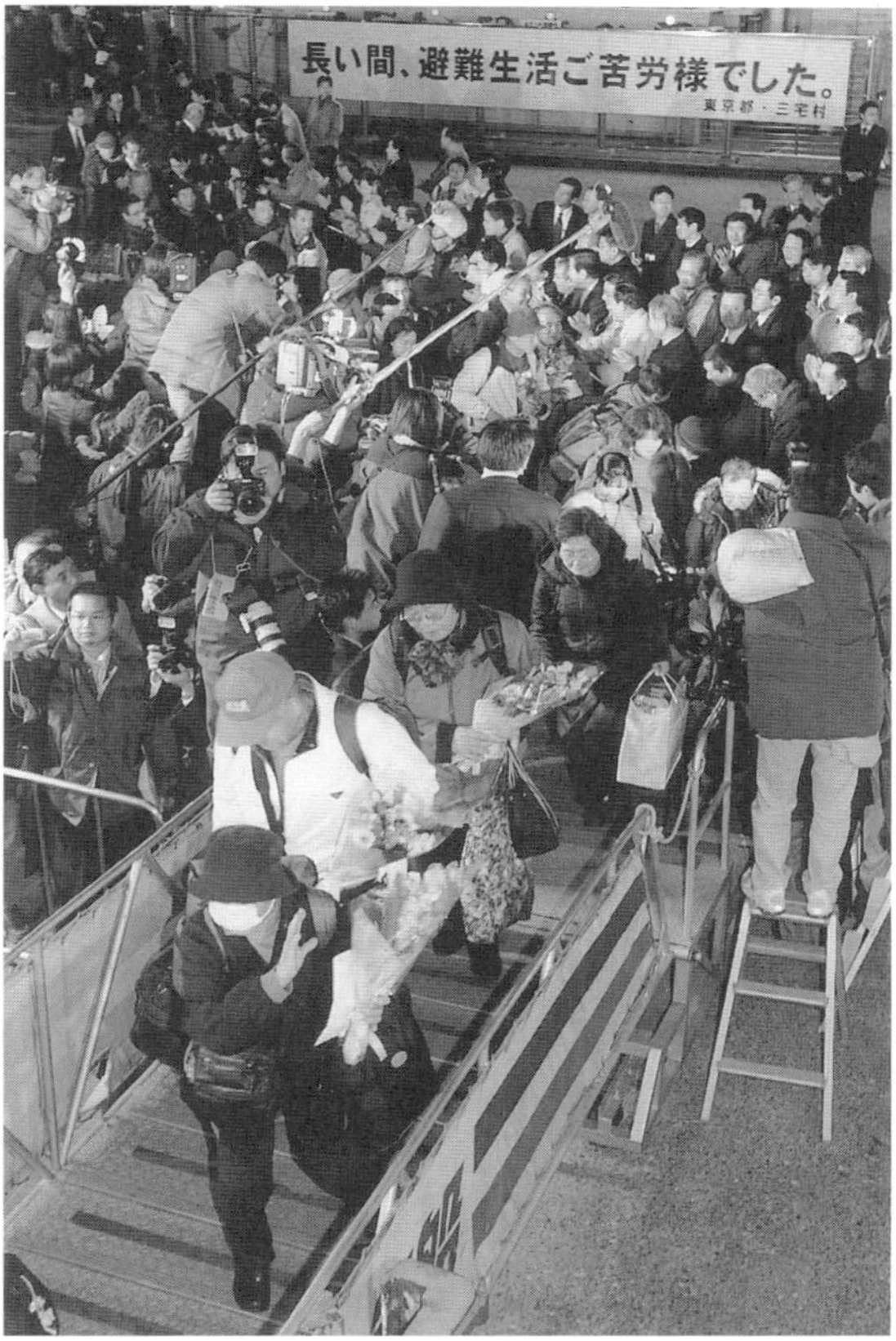

帰島する三宅島の島民たち（2005 年 2 月 1 日、竹芝桟橋）

(24) 離島ブーム
昭和四〇年代の離島ブームで伊豆七島の観光も昭和四八（一九七三）年、七島全体で渡島客約一三八万人というピークを迎えたが、その後は減少傾向が続き、平成九（一九九七）年度は七三万六〇〇〇人に激減、最盛期の五三％にまで落ち込んだ。避難指示解除後、観光客の本格受け入れは二〇〇五年五月から。

乗ってきたというような時期の二〇〇〇年の六月噴火というような状況です。もちろん、三宅島については約二〇年周期ということで、噴火は切っても切り離せないんですが、今回のように全島民が島外に避難して、それで四年五カ月にわたって島を離れるというような形の噴火は初めてということで、非常に戸惑っているというのが現状であります。

そのような中、商工業につきましては、実数で噴火前に三三七事業所あったものが、私どもの資料によりますと、噴火後からの建設関係、あるいはガソリンスタンドとか、そういったライフラインの復旧に携わる者も含め、あと、東京で開いているもの、これを合わせまして一二六が営業中です。その中で、島内で営業しているものが現在九一軒というような形です。これに関しまして、実際島に帰ってから、果たして商工業的に三三七の数字がどこまで戻るのか。やはり四年半というものはかなり長いもので、もちろん高齢化する者もあり、借財を抱えた者が帰って、あわせて借財をする、というようなことから、今後の経営についてやっていけるのかどうかというようなところ、また、今、金融機関も、ご存じのとおり新規の融資が厳しくなっておりまして、こういった災害に対してもある程度は見ていただけるところはもちろんございますけれども、そういったシステムがないということが、果たして経営をやるかやらないかという分かれ目でもあるというような現状かと思います。

私どもがまず避難してからやったことは、噴火前の債務についての条件の変更、元金の据え置きであったり、元金の削減であったりというようなことをまず始めました。それと、従業員等を抱えていた者たちの雇用対策というのもやりました。あとは失業保険の手続、こういったものが来たときには主流だったんです。その中で、商工業者が避難後において非常に大変だったのが、既往債務に対する条件変更については、元金は据え置いていただいたんですが、もちろんそこに利息というものが発生するということで、多いものでは一五万、二〇万という、夫婦でアルバイトに行っても稼げないほどの利息が生じるというようなことがありました。これを早急にやっていかなければいけないということで、いろいろ策を練ったりお願いしたんですけれども、やっぱり個人に対する支援というものの限界を感じたというのが当初の実情でありました。その中で、ここを切り崩すにはどうしなければいけないかということで、いろんな作戦を練りながら、各種関係機関、また、商工業者の声ということでいろんなシンポジウムを開いたりして、その中で意見を言い、国、東京都、村で、既往債務(25)についての利子補給を実施していただきました。これは国と村が三分の一ずつ、村については東京都がほとんど肩がわりするというようなことでございますけれども、これをやっていただいたことによりまして、商工業者のある程度の東京での避難生活が落ちついたということが現状でありました。

ただ、やはり、もう一つ、島に置いてある個人の財産の保全ということで、商店等につきましては、離島ということもあり、かなり在庫商品がありまして、流

(25) 既往債務への支援
政府は二〇〇一年三月末、長引く避難生活で苦しむ三宅島の商工・農林漁業者を対象に、災害前に借り入れた借金(上限一〇〇〇万円)について、元金据え置きと、その間の金利を国や都、村で補助することを決めた。日本の災害対策では初めての措置。

通はかなり昔よりはよくなったんですけど、台風やいろんな想定がされますので、船が着かないということから、大体普通のスーパー等では一〇〇〇万円以上の在庫を持っています。これがすべてなくなってしまったということで、これについて何らかの措置をしていただけないかということもお願いしたんですけれども、こういったところの個人に対する補償の限界が今でもあるということでございます。

それと、噴火後にこの支援をどうするかということで、貸し付けに戻りますけれども、災害貸し付けの無利息の限度額を高くしていただきたいということと、すぐに帰って商売が黒字になるわけではないですから、既往債務について期間を延長していただきたいということ、もう一つは、借入期間の延長をしていただきたいということ。あと、いろいろ要望はさせていただいたんですけれども、やはりなかなか厳しい中にありながら、利子補給の幅を大きくしていただいたりということがありました。

また、どうしても単年度、単年度で政策を決められるもので、平成一五年に至っては一五年度末まで、一六年については一六年度末まで、これが例えば島に帰ってから二年とか、そういうような長期的なスパンで政策を出していただけると安心もできますし、それなりの計画も立てられるんですが、どうしても年度、年度で立てられるもので、この年で終わりか、あと半年で終わりか、一年たって終わりかというような、常にそういった不安がつきまとった避難生活ということも言えるかと思います。

今後についてなんですけれども、やはり一番は商工業者、当然、水産業、農業も含めましてマイナスからのスタートになりますので、設備資金であるとか農業の復旧資金であるとか、そういったものの手当てが非常に今大変なところです。また、当然、保証人ですとか担保を求められますけれども、どう考えても島の中に担保価値のあるものは今ないという状況の中で、ただ、制度的には保証人は必ず必要だというようなことは言われます。ですから、例えば奥さんとかお子さんとか、お子さんといってもある程度費用を仕送りしているようなお子さんとか、そういった形のものでこのへんをクリアしていっていただきたいというような要望を、今、対金融機関、保証協会等にさせていただいています。当然額とかによりますけど、ある程度認められていくのかなということはあります。このへんについても、制度化してはっきりやっていただけると非常に安心できるのではないかと思います。

時間もあまりないんですが、やはりどうしても自営業というのは非常に弱い立場にあるなということを感じております。ただ、わずかながらも明るい材料としましては、この噴火をきっかけに、後継者としてやはり若い人が数人、本当に数人なんですけれども、帰ってきた。これからやっぱり自分も将来続けるんだという者が帰ってき始めております。これについては多少明るい材料かなと思っているような状況です。

島全体の四五%が高濃度地区

【木村】　三宅の現状について、一般の島民の方の生活、それから商工関係の産業関係のお話を報告させていただきました。

三宅の帰島といいましょうか、避難指示解除ということになったわけですが、非常におもしろいのは、強制的に島からの避難は当然でありますが、帰るときには自費で帰るんです。船賃は自分で出すんですね。何か非常に理解しにくいことがおきています。

ちょっと細かな話になりますが、三宅の島の中に、今、住んではいけない地区、要するに高濃度地区(26)というのが設定されておりまして、これは村の条例で区域が決められるのですが、島の全体の四五%、約半分ではありますが、実際にそこに住んでいる世帯数というのは、災害前でいくとおおむね一割ぐらいの世帯になります。

本来、居住禁止というのは非常に私権制限にかかわる大問題ですが、今の現行法でいくと、そういう居住禁止みたいなのというのは、いわば災対法でいう六三条の警戒区域(27)設定か、あとは建築基準法の災害危険区域とか何かいろいろあるかもしれません。そうではなくて、自治体独自の条例でそういう居住禁止を決めたというのはおそらく前例がないのではないかと思います。居住禁止ということについて、かなり法制度的に詰めた結果そういう形になってきたのかなと思い

(26) 高濃度地区への義援金配分
東京都義援金募集配分委員会は二〇〇五年二月七日、火山ガスの高濃度地区に自宅がある帰島世帯に対して、一世帯あたり百万円を配分することを決めた。高濃度地区の一五七世帯のうち、〇五年度末までに帰島する世帯が対象。高濃度地区は自宅での居住が禁止されている。自宅修繕に最大一五〇万円を支給する都の帰島生活再建支援金制度の対象外となっていたことから、高濃度地区に自宅がある人らから支援を求める声が出ていた。三宅村は住宅の劣化保全の経費として最大五〇万円の支援をすでに決めており、義援金と合わせて、居住地区と同程度の支給となる。

ますが、一方で、その居住禁止区域にいる一割の人たち、こういう人を、住んではいけないというその反対の救済策はどうかということになってくると、実は、はっきり言ってうまくいっておりません。一番の問題は住宅問題です。その人たちに住宅を、例えば神戸なんかである仮設住宅とか、あるいは公営住宅に全員が優先的に入居できるかということになってくると、全然できないんですね。

今、帰島に合わせて公営住宅の建設も行われております。ただ、これは入居資

火山ガス高濃度地区では樹木や家屋が荒れ果てたまま
（2005 年 2 月 2 日、阿古地区）

(27) 警戒区域
人家密集地の立ち入りを強制的に禁止する「警戒区域」の設定は雲仙・普賢岳噴火災害が初めて。一九九一年六月六日には島原市長が、翌七日には深江町長が設定に踏み切った。〇五年の福岡県西方沖地震でも崩壊危険性のある斜面に約五カ月間、警戒区域が設定された。

格を一般の公営住宅法の範囲で行っていますので、収入、年齢制限ありになっているものですから、高濃度地区にいる人も特別の優先権というのは発生していない。ですから、もう入居申込資格すらないというような人もいるということですね。今、帰島が決まって、自主的に四月末で一応全員現在の公営住宅を出るといった状況になっているんですが、はっきり言って住宅がいわば見つかっていない。帰るところがないという人が結構います。このままでいくとほとんどホームレス状態になってしまいますが、片一方で規制しながら、片一方で救済がないという非常に不思議な事態が発生している。そういう高濃度地区の人たちに、ほかの地区の人たちと同じような出発ができるような環境を整えてあげる、これが大事だと思っておりますけれども、少なくともほかの地区の人は、例えば、さっきちょっと出てきましたが、東京都が今度帰るに当たって、住宅再建、補修のための一五〇万を出すと言っているのが、今お話しした高濃度地区の人たちはもらえないんです。なぜかというと、自宅に帰る人は一五〇万ですね。で、高濃度の人たちは自宅に帰れないわけですから、居住禁止で。ですから一五〇万ももらえないという状況なんです。

再出発するには当然お金が要るわけですが、例えばいろんなお金、支援金の関係もありますが、そういう人の被害認定、これが一体どうなるのかということも実は大きな課題としてあると思うわけです。というのは、実質的に建物が残っていてもガスが出ている、居住禁止だということになると、住宅としての機能は滅失しているのと同じことなんですよね。滅失しているけれども、物体としての住宅がそこにあるということは、保険制度からいくと、これはまだ住める状態にあるから被害なしといって、ひょっとすると保険が出ない可能性がある。ですから、これは中越の地震でもそうだと思いますが、建物は健在、でも、擁壁が結構崩れかかって、雨が降ったら流されちゃいます。あるいは、村の避難指示によって、危ないから住めないというような状態、こういう事態についても、今の被害認定からいうと建物本体だけに着目するので、被害としては無被害になってしまう可能性があります。まして、今の民間損保、あるいはＪＡの建更(28)を含めて、被害ゼロということになると、実質住めないのに保険も何も出ないという形が出てきてしまう。そうなると、本人は再建の意欲、あるいは住宅再建をしたいと思っても、今の現行法でも受けられない、あるいは、民営の損保のほうの考え方からも外れてしまうということになって、再建のための原資が得られないということになる。これは非常に大きな問題である。ですから、根底にそういういろんな被害認定についての考え方そのもの、この点の見直しが一つ大きな問題としてあるのかなと思っております。

それから、三宅のケースでいくと、今お話しいただいたように、二重生活といいましょうか、基本として四月に全部追い出しがあるわけですが、非常にこの辺も冷たいなと思うのは、例えば六月に出産だなんていう人も、その人たちも全部追い出しにかけられて、島で出産ができないとなると都内で産む。すると二カ月

(28) 建更
ＪＡ共済が扱う建物更正共済のこと。地震保険は火災保険に加える形でしか契約できないが、建物更生共済は火災のほか、水害、地震など自然災害が初めから補償対象に含まれている。同程度の補償内容で比較すると、建更の方が年間の掛け金は割高だが、地震保険は掛け捨てで、契約満期時に戻ってくる金額は建更の方が多い。

(29) 雲仙岳災害対策基金
一九九一年九月に設立され、二〇〇二年九月に解散した。義援金なども入れて基金規模は一〇九〇億円。長崎県からの貸付金や義援金をもとに、四分野七三事業で総額二七五億円が投入された。最終的に残った約一二億七〇〇〇万円は、島原市と深江町に寄付されることになり、二〇〇二年一一月までに清算手続きがとられた。

間、あるいは三カ月間、民間のアパートへ移って出産して、その後どうするかということになるわけです。そういう猶予期間みたいなものが非常に厳しいという問題がありますね。あまり温かい支援というのはそこには出てこないという感じがいたします。

三宅の災害、先ほどお話ししたように、まさに災害は継続中で、全島避難から島に帰ると、災害については第二ステージに入ったということで、しかし、前途はかなり多難であると思います。やはりこういう噴火災害というのは、ほかの災害とちょっと違って結構長期戦になるということであります。そのためには、やっぱり長期的な支援策を考えていかなきゃいけないんじゃないか。現行法ではいろいろ難しい部分もあろうかと思うので、前から言っているような、雲仙でつくった災害対策基金(29)みたいなものをつくって、神戸でも復興基金(30)をつくりましたけど、政府ではできない、こういう基金的なもので長期にわたってきめ細かな支援を実施していかないと、これはなかなか救済は難しいと感じております。

(30) 阪神・淡路大震災復興基金　兵庫県が四〇〇〇億円、神戸市が二〇〇〇億円を拠出して九五年四月に設立し、九七年三月に県が二〇〇〇億円、神戸市が一〇〇〇億円を増資。運用益を利用して、被災地・被災者支援事業に約三六〇〇億円を助成し、大震災から一〇年間、被災地の復興を支えてきた。二〇〇五年三月末、基金事業の大半を終了、一〇年で一一三事業を実施し、事業規模は約三七〇九億円になった。このうち、被災高齢者の自立支援や市街地の再生などに関する二二事業は、運用益残高約四〇億円を生かして五年間延長された。一〇年という時間では割り切ってしまえない被災地の現状がある。国が「私財の形成に公的資金は投入できない」という原則にこだわる中、被災者の生活支援に一定の役割を果たした。内訳は、住宅再建融資の利子補給など「住宅対策」が三二%、中小企業災害復旧資金の利子補給など「産業対策」が一五%、被災者自立支援金など「生活対策」が

新潟県中越地震――避難が続く山古志村

【山中】　ありがとうございます。同じように避難生活が続いていています山古志[31]の村長さんにお願い申したいと思います。

一緒に帰村することが目標

【長島】　新潟県古志郡山古志村長の長島でございます。今日はこのような席にお招きをいただきまして、心から感謝申し上げます。

まず、この災害の中で、私ども、全国の皆さんから、特に被災を経験された皆さんから大きなご支援をいただきました。この場をかりて心から感謝申し上げたいと思います。ほんとうにありがとうございました。

昨年一〇月二三日、新潟県中越地震、中越地方を襲った地震によって、私ども山古志村は、一四ある集落すべてが寸断をされて、すべての生活基盤を失ってしまったために、全村民避難を指示して、今、外で生活をするという選択をしていただきました。私がこの中で全然連絡を出せない、それで、村民にも情報を伝えられない中で、一番ひどいところは、多分、私が村民に避難をしてくださいと伝

五一％を占めた。拠出金は〇五年度中に同県と神戸市に返還される。

(31)　山古志村　新潟県の中越地方に位置する古志郡唯一の自治体の村であったが、二〇〇五年四月一日に長岡市へ編入合併された。二〇〇三年三月三一日現在の人口は、六九〇世帯・二二四五人。面積四十平方キロ。急斜面に切り開かれた棚田、ニシキゴイの養殖、牛の角付きと呼ばれる闘牛などが有名だった。二〇〇三年三～九月に放映されたNHK朝の連続テレビ小説「こころ」の舞台にもなり、「日本の原風景が残る村」としてPRされた。

えてから、一時間後にはもう自衛隊のヘリで避難をしていただいたという状況の中でありましたけれども、よく理解をしていただいて、私ども行政の施策に従っていただいたと、まずそんな感謝を持って考えたところです。

その根幹はどこだったのかというふうに振り返ってみると、どうしても私ども、都市と中山間地(32)という災害の違いはあるかもわかりませんけれども、都市にも中山間地にも、やはりコミュニティーが――人と人とのつながりという機能――どんな町にもどんな村にも、そしてどんな町内会にもあるんだろうなというふうに思っています。そして、私どものところは、この災害の避難、それから避難生活、そしてこの仮設の生活(33)を考えると、どうしても人と人とのつながりのコミュニティーを抜きにしては、やはり語れないところにいるような気がします。

避難の際に、集落の長である区長さんが、それぞれ我々の救助を待って住民をまとめていただいた。そして、避難の中で、最初はごちゃごちゃだったけれども、なかなかまとまりもつかない中でわがままをお願いして、避難所を集落ごとに引っ越ししてもらった。集落ごとに移動してから村民が少しずつ落ちつきを取り戻してきたという、仮設もすべて集落ごとに対処していただいて、今は山古志村の機能そのものを集落ごとに移転して、長岡市の仮設の中で生活をしているというふうに考えております。このことは私どもにとっては非常にありがたいことだと思っているところでありますけれども、これから私どもは、村民が出

(32) 中山間地
食料・農業・農村基本法によると中山間地とは、「山間地及びその周辺の地域その他の地勢等の地理的条件が悪く、農業の生産条件が不利な地域」と定義されている。

(33) 仮設住宅
〇四年一二月一八日現在、仮設住宅は一二市町村向けに三四六〇戸。阪神・淡路大震災の教訓を生かし、各自治体が集落単位に仮設住宅への入居を認めたことから、読売新聞の意識調査によると、「地域コミュニティーが維持されている」と感じている被災世帯は約七割に上ることが明らかになった。

山肌が大きく崩れ、道路が寸断（2004年10月24日、山古志村）

てきて最初の調査をしたときに、九一・四％の人がやはり村で生活を再開したいというふうに私に訴えてきました。今、復興計画を三月にまとめる前にということで、もう一回村民の意向を調査(34)しており、その最中ではありますけれども、九一・四％よりも上の数字で私のところに帰村の意思が伝えられそうなところに来ています。だとすると、私は、まさに責任が重大だと認識をしています。

問題は、災害は平等ではありません。集落ごとにも平等でもないし、集落の中で、それぞれの住宅に対しても災害は平等ではありません。ただし、この避難生活の中で、やはり集落の人たちがお互いを必要としているという、集落ご

(34) 住民意識
「帰ろう山古志へ」と題した「山古志復興プラン」（平成一七年三月）によると、帰村の基本的な目標時期は二〇〇六（平成一八）年九月。二〇〇五年の一月〜二月の意識調査によれば帰村したいという希望は九三％もの高率にのぼった。

とに帰村をして、また、集落の機能を回復して生活をしたいと思っていることだけは事実です。

そして、もう一つ、集落の中でも、生活の面から見ると、それぞれが残念ながら平等ではありません。自立で再建ができる人、そして、何らかの補助があれば再建ができる人、そして、あまりにも重大な被害のために、例えば公営住宅等でなければ帰村がかなわない人、やっぱり大きく違ってくると思います。ただし、村民の気持ちは、今までずっと長い歴史の中で生活を共有し、歴史を共有し、そして、その共有する重みの中で文化をはぐくんできたことを考えると、一緒に帰村をして、子供さんからお年寄りまで、また、みんなで支え合う生活を再開したいと望んでいます。ですので、私は、場合によっては、自立のできる人も、極端に言って公営住宅の人も、同じ場所に整備ができるように今は考えていく必要があるだろうなと思っています。国の制度も県の制度も前例がということがあると思いますけれども、前例はそのとき、やった時点から前例になるのだろうなと思っていますから、あえて私は前例に挑戦をしたいなと今は思っているところです。

それと、もう一つ、私どもは、なぜ山古志村に九〇%を超える人が帰りたいと思っているかということについて少しお話をさせていただきたいと思います。

確かに、都会だとか、地震の起こらないところに比べれば、私どもは中山間地、急峻で非常に厳しい状況です。そして、きのう現在も三メートル七〇センチの雪の下に埋まっているような豪雪の地であります。しかし、私どもは、あの地を生活の場として選びました。厳しい中で、やはり私どもは、先人から苦労をして築いてきてくれた(35)いろいろな思いや財産を引き継いで育ったと思っています。苦しみを共有しながら、場合によっては楽しみを共有しながらつくってきたのは、私ども中山間地、そして農村の文化であり、歴史だろうと思っています。

あそこは私どもにとって居住するだけの空間ではありません。生活そのものの場であるし、あそこに住んで生活をすることが私どもの生きがいでもあります。それは、私どもの地域があまりにも厳しく、そしてあの狭い谷に、兄弟が多く全員がとどまることを許されなかった、そんなことの中で外に出られた方も、私どもの地域を自分の地域のように心配して、私は、その人たちを含めて全員が村民であると思って暮らしています。だから、込められた思いを私どもは大切に守っていきたいというふうに思っております。

苦しいところに住んでいると、自分たちで自分たちの地域を何とかしていかなければという自主自立の精神だけは私どもは持っているつもりです。ですから、これから中山間地、こんな形で日本全国至るところで災害を受けるところがあるんだろうと思いますけれども、そこに生活をする人がそこで生活を再開するという意向のある限り、私はやはり、それを最大限尊重する。行政を預かる立場として、最善の努力をしてそこに帰すことが必要だと思います。一部、費用対効果、そして都市対地方という議論もあるようでありますけれども、私はやはり、日本の国の中に都市という効率化された機能的な集団があるように、一方、私どものよう

(35) 先人の苦労
旧山古志村の先人の苦労を伝える記録映画として「掘るまいか」が有名。「掘るまいか」は昭和初期から一六年かけて村民がつるはしだけで全長八七七メートルのトンネルを掘り抜いた話。冬季は豪雪で孤立する村にとってトンネルは悲願だったが、誰もが実現不可能な夢物語と思っていた。しかし、多くの困難を乗り越えて実現させた実話として知られる。当時の人々の証言を元に橋本信一監督が〇三年に映画化した。新潟県中越地震で被災した旧山古志村（現在長岡市に合併）の被災者支援のため、各地で上映活動が続いている。

に、厳しく、時間がゆっくり流れて、その中で生活をしている人たちもいる。そして、そのことがお互いに共生できる社会、そして、一方では自然を大切に共生できる人たちがいることが、日本の国のバランスを崩さないでこれからもやっていけることかなと、そんなふうに考えています。

国土の保全なんて大それたことを言うつもりはありませんけれども、壊れた自然は必ず自分で治る力もあると思います。必ず赤茶けた山肌にも、何年か後には草が生える、そして花が咲いて、木が茂るようになると思います。ただ、私どもは、なくした生活の基盤を、我々の生活の機能の香りのする景観として今は取り戻すべく最善の努力をするつもりでありますし、私どもも、早期には、一〇〇％直していただいてから帰るということにはなりません。やはり私どもも、あの地に立って、やはり復興(36)を、スコップ一丁、くわ一丁から始めたい。そのためには、やはりスピードを上げて復興できるために、今は関係機関と連携をしていただけるようにというふうにお願いしているところです。他方、私どもは、今、大目標としている平成一八年九月、帰村をするということを村民とともに目標としています。インフラ、そして公共施設、それに一番問題である、被害は平等ではないということ。そのための支援策を考えながら住宅の再建を図るという、あと一年半しかありませんけれども、一年半後にはあの地に帰りたいというのが大目標でございますので、ぜひご理解と、これからも見守っていただきたい、そんなお願いをさせていただきます。

(36) 山古志村復興計画 山古志村復興計画策定委員会は二〇〇五年三月一日、村が提示した〇六年九月までに全村民が帰村し、生活再建するために一二項目の「復旧・復興の方針」を承認。道路改修や農地復旧の事業を〇九年四月までに終えることを目標に掲げ、ニシキゴイの養殖技術の教習施設など、村の特徴を生かした施設の整備も盛り込んだプランをまとめた。村全体で約四割が全壊した住宅再建については、八〇〇万円程度でできる低コストモデル住宅と、自力での再建が不可能な世帯に供給する公共住宅の整備を提示。宅地の安全性が確保できない地域には、集落移転地を整備する。一方で、中越地震で象徴的存在となった山古志村には、村外各地から「定年後、住みたい」「一緒に復興にかかわりたい」など移住の問い合わせが多数あるという。このため、公共住宅にU・Iターン組や新規就農など転入者の入居も検討するとしている。

自衛隊ヘリに乗り込む避難者（2004 年 10 月 27 日、長岡市太田小中学校グラウンド）

【山中】　居住空間とは、単なる住むだけの箱ではないという非常に大きな重いテーマが投げかけられたように思います。

では、続きまして、長崎さんと金子さんのほうでよろしくお願いします。

コミュニティー・ビジネスによる地域復興

【長崎（新潟）】　ニューにいがた振興機構(37)というのは、新潟県が約一〇年前、平成七年ですけれども、地域づくりを主眼に支援する団体ということで設立されました。私は、新潟県庁からそちらのほうに出向という形で入っておりまして、今回の中越地震及びその前の水害(38)については後方支援的な作業を進めております。

私は、地域づくり、まちづくりが主体になるんですけれども、今回の災害を経験しまして、今後、新しいコミュニティーの形成によって、生活再建等、持続可能な地域社会をつくり出せるのではないかというように考えております。

今回の地震によって、避難直後の時点では、被災者の方々は同じような境遇をご経験されたと思っているんですが、今後、その復旧から復興、それと生活再建が本格化してくると、今、長島村長が言われたように、被災、あるいは資産などの個人差が歴然としてくる。今は雪がありますからそれが見えてきませんけれども、今後、雪解けが本格化してくる春からは、その差が一層顕著になってくるということで、むしろ、これから個々人の差が、孤立感であるとか疎外感、あるいは仮設から徐々に出ていく人たちも出始めているという状況からすると、もっと深刻な状況はこれからじゃないかと考えております。

例えば、今、三条の水害の仮設住宅のほうに、顔を出していますけれども、そ

(37)（財）ニューにいがた振興機構　民間と行政が一体となって、新潟県の農林水産業や地場産業の振興と県内の地域の活性化を図るため、県産品の販路拡大や地域づくりの支援、地域情報の発信に関する事業を推進する団体。

(38)新潟・福島豪雨　二〇〇四年七月一二日夜から一三日にかけて、日本海から東北南部に停滞する梅雨前線の活動が活発化し、新潟・福島で一六人が死亡、約五四〇〇戸が全半壊、約二〇〇〇戸が床上浸水となった豪雨。特に、一三日朝から昼過ぎにかけて、新潟県の長岡地域、三条地域を中心に非常に激しい雨が降り、一三日の日降水量は、新潟県栃尾市で四二一ミリに達するなど、長岡地域、三条地域の一帯でこれまでの最大日降水量の記録を上回った。

ちらでは年末年始にかけて数十戸単位で仮設を離れていく人が出てきたということで、一六九戸入っている月岡というところに仮設住宅があるんですが、そこでもコミュニティーというのが少しつくりづらい状態になっているというような現状がございます。

ただ、長島村長がおっしゃられるように、集落内のつながりが今まで保てていたということを考えて、今後もそれをどうやって維持していくのかというのが、むしろこれからの課題になると考えております。

一般的に、地域づくりというのは、今まで村おこしや町おこしというのが主体でしたけれども、今後はそのコミュニティーづくりというふうに考えると、コミュニティー・ビジネス(39)というのを少し中核にして支援していかなければいけないのではないかと思っております。そして、今、個人的にですけれども、山古志村さんの集会所を借りて、週一回、生業づくりの勉強会をしておりますけれども、勉強会を通して、何とかそのコミュニティーを維持しながら、生業を創出して、それで村に帰れないかというような話し合いを今しておるところです。

状況を少し難しくしている部分が多々あるんですけれども、これから市町村合併ということで、例えば山古志村さんでも四月一日に長岡市に合併(40)されますし、他地区でも同様にこれから合併がそれぞれ進んできます。そうすると、市町村の役場という求心力がそがれてくるということを考えると、支援の仕方も少し変わってくるんじゃないかというふうに考えております。その辺の難しさと同様

(39) コミュニティー・ビジネス
地域住民が主体となって地域の課題や問題を解決する事業。役所などの公共機関や民間企業の従来のサービスだけでは解決できない領域を「コミュニティー・ビジネス」という言葉で表わす。すなわち、コミュニティーの課題解決をコミュニティーを形成する各主体自らが行うのがコミュニティー・ビジネス。何でもかんでも役所などに頼ることでなく、コミュニティーの課題はコミュニティーが解決、私の課題は私が解決するといった自立型の地域づくり。

(40) 長岡市に合併
長岡市は、越路、中之島、三島、小国四町、山古志村と合併、人口は約二三万八〇〇〇人。このうち山古志は、合併後、新しい市の人口の一%が暮らす一地区になる。だが、地震の被害はここだけで一〇〇〇億円以上。新市の年間予算約八〇〇億円を大きく上回る。

に、これから生活再建のほうを考えますと、既に産業として成り立っている部分については、既存の団体であるとか、業界のほうからも支援が受けられますけれども、とても弱い部分というのは、この場合、農業部分になるわけだと考えております。本来であれば、農協さんであるとか、あるいは、農業に関係する団体さんからの支援というのがあればよろしいんですけれども、特に今回の中山間地については棚田が主体になっていますので、そちらのほうの復興もあわせてやるということになると、棚田は復旧したけれども、そこでの生産が果たして生業までにもつながっていくのかというあたりが、話し合いの中でもなかなか見えてこないところではございます。

ただ、コミュニティー・ビジネス自体、私のほうが着目した部分というのは、阪神大震災でいち早く兵庫県庁の方がコミュニティー・ビジネスが復興支援の鍵を握るというのを本で読みまして、それから、隣にいるNPO協会の金子さんたちと、コミュニティー・ビジネスというのを地域おこし、地域づくり、そしてコミュニティーづくりをできないかということで動いておりますので、何とかその方法で支援していきたいなというふうに思案をしておるところです。

その中で、考えられるものとして、復興基金(41)というのが先ほど来からお話がありましたので、ちょっとご説明しますと、復興基金というのは昨年の末に一応要望が出されて、額的には三〇〇〇億円というものがついております。ちょっと調べてきましたけれども、基金については一応この三月一日に創設されて、そ

(41) 新潟県中越大震災復興基金
事業規模は一〇年間で約六〇〇〇億円を予定しており、県が三〇〇〇億円を県債の発行で調達、地方銀行三行に預け、年利は二%で、その利子を財源とする。運用益は年六〇億円になるが、復興に向け、特に重要な年となる〇五年度と二年目はそれぞれ一八〇億円、一二〇億円を集中的に運用する予定。

の時点で財団が設立されると言われております。では、その内容はどういう状態かということなんですけれども、概算的な事業立てということになっておりますので、正直言うと、中身はまだこれからというのが本音のところでございます。

知事の意向ですけれども、一般の方々から意見提案を収集する形(42)で、それを事業化していきたいとおっしゃられております。既にいろんな案が出てきておりますけれども、むしろ、これからその案を活用するということになると、どれだけ被災された方々、あるいは現地の方々がおっしゃられるように、生活されている方々のじかの声を吸い上げられるのかというところを非常に危惧しておるところでございます。そういう意味では、こちらの財団で一〇年前から始めています地域づくりのコーディネーターを養成しておるんですけれども、その方々に各ボランティアセンター等の運営に入っていただいていますので、うまくその人材を生かして、各地域の情報の吸い上げとサポートをできればと考えております。

それ以外の部分で何点か気になるようなところをちょっとご紹介すると、一つに、特区による一定の支援というのを模索している地区もございます。既に認められたものとしては、長岡の千歳地区というところが福祉関係での特区認定を受けておりますし、小千谷市からも農林課で特区についての要望等をいただいているところです。基金的にというか、お金の支援ができなければ、特区での例えば復興特区とか、被災者生活支援特区とか、そういうのも考えられないかということで、案出しを今しているような状態です。

(42) 復興基金事業公募

新潟県が、復興基金の事業（メニュー）について県民からアイデアを公募、四月八日で締め切ったところ、応募件数は一八〇六件（四月一二日現在）にのぼった。内容を整理のうえ、五月中旬を目途に事業化を検討。雪解け後の状況を見て、夏ごろ、再度、募集する。応募者内訳は、個人四七五、企業一七一、団体五五二、市町村六〇八。分野別内訳は、住宅対策一八七、生活対策四六八、産業対策三四二、農林水産業対策四三九、観光対策一一七、雇用対策三九、教育・文化対策七五、記録・広報対策三九。

知恵があってもお金がないNPO

【金子】 それでは、続きまして、私のほうから。NPO法人の新潟NPO協会の金子と申します。

こちらのお天気からは想像できないかもしれませんけれども、ほんとうに雪深い一九年ぶりの豪雪(43)と言われております新潟から参りました。豪雪といいましても、私の住んでいる新潟市はほんとうに何も雪がないんです。なぜか中越地方だけが一九年ぶりの豪雪に。今年だけは降らないでくれと皆が願っていたんですけれども、今年に限ってこんなことになるとは、山古志村の皆さんもいても立ってもいられないお気持ちだと思います。目の前の自分の家が雪に押しつぶされていくのを目の当たりにする被災者もいらっしゃるんです。

今年はほんとうに冬に入ってからまさかというほど、家が何棟もつぶれています。そもそも雪というのも、毎年めぐってくる、我々が受けなければならない災害でして、これが地震と組み合わさることによって相乗被害になっているというのが現状でございます。被害認定が終わってしまっている家屋、これはその後で雪がかぶってつぶされちゃったら、もう認定が覆ることはないんですね。それでやっぱり雪おろしをしなきゃいけないということで、皆さん、慌てて雪おろしをされますよね。で、足を滑らせて下に落ちてお亡くなりになる、こういう不幸な事件も起こっております。

(43) 一九年ぶりの豪雪
新潟県豪雪対策本部の四月一四日現在まとめによると、昭和六〇年以来一九年ぶりの積雪深。山古志村では三五三センチを記録した。また、豪雪による被害は、滅失一五六戸(うち八三戸は、地震で全壊判定を受けていた)、死者二六人、負傷者一四七人。

被災者の仮設住宅，雪排除に自衛隊出動（2005年2月5日、小千谷市）

ですから、地震には関係ないと言われてしまえば、これは関係あるんですけれども、現行の制度の中では、そういう相乗被害(44)によって建物がつぶれた人たちは救われないという現状があります。除雪作業をボランティアさんにお願いするにしても、相手が雪ですから、なれない方だとさらに二次災害を引き起こす原因になり得るということで、非常に難しいところがあるんですね。自衛隊も一瞬出動してくださったんですけれども、そんなものでは全然足りません。幸い、今やや小康状態にあるので、この間にということでやっているところです。

私の本業はＮＰＯとかボラン

(44) 相乗被害（積雪被害）
新潟県は同県中越地震で避難勧告・指示を受け、長期避難を続けている地域の家屋の被害について、冬の間の積雪による被害があっても、地震による被害と認定することを決めた。「半壊」が積雪で「全壊」になっても、「全壊」として罹災（りさい）証明が発行される。認定結果は被災者生活再建支援法と県、市町村の上乗せ支援による補助に反映される。内閣府によると、地震や水害などの災害に加えて、積雪など直接の被害ではない二次被害まで一連の被災として認定するのは過去に例がない。

ティアとか、そういうことでして、新潟NPO協会としては今回の中越地震、七月の新潟豪雨の際にボランティアさんのコーディネート[45]などを中心にやってきました。

コーディネートそのものにもさまざまな難しい問題があるんですけれども、だいたい行政のほうでボランティアセンターを立ち上げますと社協が中心になってくるわけですね。ところが、社協だけではできない部分もたくさんありまして、我々NPOもなるべくそこに入り込んでいって、能力を生かして被災者の支援になることを大いに展開していきたいんですが、知恵がこちらにあっても、お金があるのは向こうだという壁もあります。そのお金を動かすためにあの手この手をいろいろ使わなければならないというようなことがあって、そういうものに体力を非常にそがれて、本来のビジョンというものを組み立てる時間をあまり生み出せない現実がありまして、実際、私たち新潟NPO協会も、七月の水害以降、ずっと金策に走り回り、いいかげんうんざりしてきています。特にこの地震の対応に関しましては、この先何年かかるかわからないという復興活動に向けて、どうやって現地の市民が彼らの視点で展開していく活動を支えていけるかという部分で、いまだに非常に頭を悩ませているという状況でございます。

大きな課題はお金があるところにはあるんですけれども、そういったものを真に被災者のために役立つ形でどうやって展開していけるのか、ということです。ボランティアのための基金をつくるという方策も考えられるんですけれども、そ

(45) 防災ボランティアコーディネーター
災害発生時、被災地に集まるボランティアが、被災地のニーズを把握できず、互いに何の関連もなく活動した場合、被災地や被災者にとって適切な支援にならないばかりか、大混乱を引き起こす場合がある。このため、駆けつけたボランティアの善意が有効に活かされるよう、被災地のニーズと行政・諸団体との連携を調整(コーディネート)するのが防災ボランティアコーディネーターの役割と考えられている。

れはあくまで対症療法的なものでしかないんですよね。究極の話を言えば、突然大きな話になりますけれども、これは市民社会の成熟というものを、期するしかない部分があるんですね。お金をちゃんとNPOとかボランティアとか、そういう活動に回っていけるような世の中にしていくしかないというのが究極の答えではないかと思っています。NPO法(46)という法律が、阪神・淡路大震災の一つの生み落としたものとしてできました。これはあくまでまだまだ過渡的な法律でございます。まだまだNPOというものが広く社会に正しく認知され、それがちゃんと検証機能も含めて、成熟した市民社会をつくってやっていけるというほどにはなっていない。それを支えられるような根拠となる法律にはなり得ていないということですね。今、さかんに、公益法人制度改革というものが言われていますけれども、それもまだまだ過渡的なものです。そういったものを含めて、民間の復興支援活動というものが正しく認知され、そこに正しく資源が送り込まれるような世の中にしていくということが究極の目的なのではないかなというふうに思っているところでございます。かなり大ざっぱといいますか、大上段の話で終わってしまいますけれども、NPOの中間組織の立場からの意見でございます。

【山中】　長島村長に一点質問をさせてください。村長さんが先ほどおっしゃった、自立できる人もできない人も同じ場所で再生したいというお話がありました。これは普通なら公営住宅を、建物を、一般私有地、今まであったところへ公営住

(46) NPO法
NPO法の正式名称は、特定非営利活動促進法で、NPOはNon-Profit Organization（非営利組織）の略称。一九九八年三月、国会で全会一致で可決され、成立。一二月一日に施行された。市民団体に法人格を付与するための法律だが、税の優遇規定もなく、法人化の対象となる市民活動が制約されるなど問題を残している。ただ、行政やその関連団体が独占してきた公的事業に市民団体が参画して競争原理を導入、行政のスリム化やコスト削減に寄与するのではないかとの期待もある。

宅を建てようということなんでしょうか。

【長島】 できるだけ早く、できるだけもとの場所で生活を再開してもらいたい。あるいは、その安全の調査をして、安全対策をすることによってもとに戻してあげたいと思っております。場合によっては集落ごとで、やっぱりそれでも安心ができないという意見が出るのでしたら、私は、集団移転事業(47)という言葉は好きじゃないので、集落機能再生事業にしてくださいというふうに言っているんですが、その場合に、個人で再建できる人、そして、補助をもらいながら再建できる人、場合によっては、そこに戸建ての公営住宅を準備できるような制度を、今は模索をしているのが現状でございます。

香川県高潮被害——台風一六号

【山中】 では、豪雨災害の筒井さんのほうでお話をお願いします。

【筒井】 香川県からまいりました筒井でございます。

(47) 防災集団移転事業
災害が発生した地域、あるいは災害危険区域のうち、住民の居住に適当でないと認められる区域内にある住居を防災のために集団移転させる事業。地方公共団体に事業費の一部補助がある。移転先の住宅団地の最低規模は一〇戸以上だが、新潟県中越地震では特例として五戸以上に緩和された。

実は、青い国四国香川というイメージで災害の少ない県でございました。しかし、昨年の台風、日本列島に上がったのは一〇個あると言われております。そのうち五個が四国へ上陸をいたしました。で、いろいろな災害を経験しました。土砂崩れ、川のはんらん、豪雨、高潮等いろいろな経験を初めてしたということになります。特に今回、私に与えられておりますのは、豪雨と申し上げるよりは高潮災害についてでございます。

高潮災害(48)と申し上げるのは、八月三〇日、台風一六号でございます。これが起きたときに災害救助法の適用になった市町は一三市町であります。この災害によりまして、高松市内では死者が三名。床上浸水と申し上げるのは、ただ水が上がったという意味ではなくて、高潮による床上浸水が高松で三五〇〇余り、高松以外の市においては二三〇〇余り。床下浸水ですが、高松市内で一万二〇〇〇軒余り、それから高松市以外が四〇〇〇軒余りというふうに、香川県が初めて高潮の大きな災害を受けたということでございます。

香川県と申しますのは、雨が降らない、水がない、そのためにため池が多いということで、水不足に対する危機感というのは非常に強いわけですが、災害による危機感というのは一切ないと言っても言い過ぎではないと思います。高松には防波堤がございません。台風が来ても被害が少ないことから、他人事であるというような気持ちがあったのではないかと考えています。

まず、高潮(49)の災害がどのような状況で起きたかということを最初にお話い

(48) 香川県の高潮被害
二〇〇四年八月三〇日から三一日にかけて、台風一六号は四国・近畿地方に記録的な大雨を降らせたほか、一年を通してもっとも潮位の高い時期であったことから、ところによっては記録的な高潮となった。ことに香川県高松市では、これまで「九〇〇年に一度」と計算されていた潮位二・四六メートルの高潮が、第二室戸台風（六一年）の最高潮位一・九四メートルを想定していた護岸を軽々と超え、約一万五〇〇〇世帯が浸水した。

(49) 高潮
台風など強い低気圧によって海面が上昇する現象。高潮を引き起こす作用は低気圧による海水の吸い上げと風による海水の吹き寄せである。一般に北半球では低気圧経路の右側で海面上昇が

たしますと、台風が来る夕方ですが、夕方には大雨洪水暴風波浪高潮警報、雷注意報が実は出ておりました。しかし、これはだれも意識しておりません。なぜ意識していないかと申し上げると、雨は降っていない、風も吹いていないし、静かな夜だったわけです。これは後で知ったことですが、午後九時ごろには港に高潮が上がってきたということが報告されております。実は、私自身が被害者でございまして、床上五〇センチの高潮に見舞われました。県の社会福祉協議会に勤めておりますが、たまたま被害を受けたのが私一人であったということで、不幸中の幸いであったという風には考えております。まず、午後一〇時ごろ停電が二回ほどございました。

二階でパソコンを使っていたんですが、これはおかしいということで一階におりると、一階の玄関にもう既に一〇センチほど高潮が来ていたということです。静かなんですね。五分もたたないうちに畳が浮き始める、何の音もしない、しーんとした中で畳が泳ぎ始める、そういった状況でございました。ちなみに満潮は午後一一時五九分です。ですから、九時に潮位がかなり高かったということが原因でございます。二時間、三時間近く、早くから高潮になったということでございます。潮位は観測史上最高の二・四六メートルを記録したと報告がされております。私の家がそういった被害を受けました。物を持ち出す暇はまずありません。時間的に猶予がございません。満潮になってから近隣を見回り始めた。庭へ出ると腰まで水があるわけですが、避難所である小学校とか、近所を見回り水の中を

大きくなる。実際の水位は高潮の水位に天文潮位の水位を加えたものとなり、満潮時にあたると水位はいっそう高くなる。過去に日本沿岸で大きな被害を与えており、とくに伊勢湾、大阪湾、東京湾、有明海などで多く起こっている。

台風16号による高潮で多数の車が冠水した（2004年8月21日、高松市内）

歩きました。

その中で非常に寂しい話がございます。あまりにも静かに水が来たために、お年寄りの方が塩水でおぼれ死んだ。それがどういったことかと申し上げると、寝ている。寝ていると、そのお宅は床上二〇センチの高潮であったわけですが、お年寄りですので畳が浮く、そうするとバランスを崩しておぼれ死んだんだというふうに想像しております。ある方は、寝ていると手が冷たくなってきた、髪が濡れてきた、おかしいなというので目が覚めて、高潮災害がわかったという方もいらっしゃいます。非常に今までの災害と違ったケースになったというふうに考えられます。

翌日には小学校の運動場で魚が泳いでおりました。それから、私の家の近くの児童公園のフェンスには魚がかかっていたというような状況でございます。当然そういったことですので、避難所(50)の小学校、それから公民館等では床上浸水した所もございました。

どれくらい被害に対する感覚がないかということを申し上げますと、実は、ある若い女性の方で、四月から勤め始めた方でございますが、朝、腰まで水があるものですから、服の下に水着を着て職場へ行った。そうすると職場の人にばかにされた。何を考えているのかと。ところが、だんだん時間がたつにつれて、高潮被害の状況というものがわかって、床上浸水になっているというその家庭の状況がやっとわかって、「はよう帰れ」というふうなことが実際ございました。いかに災害に対する認識が薄いかというあらわれだろうと思いますが、これはちょっと恥ずかしい話だと思います。

私は社協という関係でございますので、災害ボランティアセンター(51)を当然立ち上げて、被災者に対するボランティアの派遣という作業もしないといけないということで非常に板挟みになりました。午前中は勤務をして、お昼からは帰るとか。初めての経験でございますので、全職員が精力的に時間を惜しまず、災害ボランティアに対する活動に頑張ってもらえたということで、非常にありがたく、力強く感じました。

(50) 避難所水没
高松市の避難所に指定されている日新小学校の敷地内では胸あたりまで水につかっているところもあり、校舎一階は床上浸水。水没した小学校が避難所に適していたかどうかなど議論を呼んだ。

(51) 災害ボランティアセンター
災害発生時、被災地支援のため、地元の社会福祉協議会を中心に赤十字やNPO、全国から駆けつけた個人らの協力で設立される活動拠点。被災地の情報収集、物資や資金の集配、ボランティア活動の指揮・運営・斡旋などが行われる。

夜なんか、避難所へ行きますと、（被災者から）怒鳴られるんですね。災害を受けた方から怒鳴られる。なぜ怒鳴られるかというと、ほかにうっぷん晴らしができない。こもってしまっていつ爆発するかわからないので、カウンセラーから、人をつかまえたら自分の気持ちをぶちまけるよう指導された。ということで、随分おしかりを受けた経験もございます。

それと、もう一点、被害を受けた方々は、畳、たんす、電化製品等、それをまず廃棄するために外へ出さないといけない。いつまでに出せば行政が持って帰ってくれるのかという日程に自信がないから、皆さん必死になって、近所中手伝って道路へ物を出すという作業にまず励みました。昔から住んでおられる方々は、地域とのつながりが非常に強い。お互い地域の者同士助け合ってきたということがございます。

一方で、一週間たってボランティアが訪ねていった家庭で、まだ濡れた畳が出されていないという家庭もございました。というのは、地域とのつながりの薄い、コミュニケーションの図れていない家庭が取り残されたということでございます。

ちなみに、私の場合では、そういった意味で両面があったということです。家のこともあまりできなかったわけですが、友達が、夏の暑いときですので、在庫の洗濯機、冷蔵庫を持ってきてくれたりとか、軽トラックを商売で使わなければいけないのに一カ月以上貸してくれたりとか、ガス会社の友人が、ふろに入らないとだめだ、疲れがとれないといって、ガス釜を早急に取り替えてくれたとか。非常に皆さんに助けられた、助けられてここまで来たというのが現状でございます。非常にありがたいと考えております。

塩害(52)のお話をいたしますと、実は私、車とオートバイが大好きです。ですから、オートバイがつかって、すぐ洗いました。水洗いしたんですが、翌日にはさびが出ておりました。まず配線がすべてさびて使えない。車、オートバイ、すべて廃車です。直しても、またほかのところから傷みが出て完全には直らない。

漏電もしておりました。コンセントはすべて塩水につかっておりましたので電化製品は使えません。しかし、高いところにあるコンセントは使えるのではと思って、うっかりコンセントを差し込んだわけですね。そうすると体中に電気が走りました。というのは、完全にコンセント系は漏電している。電気が復旧しても、配線の関係で、漏電が解消されますのに、一カ月もかかりました。当然、電話はつながりません。これも助かったといえば助かったのですが、電話がつながらない、そのために作業ができた。これは、電話がつながると同時に全国から見舞いの電話で手をとられる、非常に心強い思いをしたわけでございますが。自転車は当然さびだらけ。ブレーキはさびて動きません。電気器具をあけると、こちらも中はボロボロでだめだ。形あるものはだめだということですね。一六号の後に一八号、二一号、二三号台風が来ましたが、被災者は、せっかく皆さん、畳を入れかえたり電化製品を買い換えたりしているわけですが、台風が来るごとに高

(52) 塩害

塩風害ともいう。台風の暴風が塩分を含んだ海水を陸地に運ぶ。陸地に届くまでの間に海水が蒸発して塩分濃度が高くなる。さらに雨が少ないときは塩分が流されないため、濃度はさらに高くなり、農作物などに塩害を引き起こす。平成三年九月下旬、九州をかすめたあと、日本海を抜けて北海道に再上陸、青森のりんご農園に壊滅的な被害を与え、「りんご台風」の名前がついた台風一九号被害などが有名。

いところへ上げるという作業に疲れ果てておりました。私の場合は、畳が入ったのが一二月三〇日でございます。四カ月ぶりですね。

と、申しますのも、塩水ですので乾きません。床下をはがして扇風機をあてておりました。で、四カ月たってやっと乾いたかなという感触です。災害後、早々に畳を入れた家庭は、床下が湿ってかびが来て大変な思いをしておりました。しかし、畳が入りますと、やはり家らしく、温かみのある家庭に戻った、もとの生活に返れたかなという感じでございます。

もう一つは、下水から吹き出した水も含んでいたということで、塩水といえども汚い不衛生な塩水でした。

残した家具などを毎晩水洗いしたわけですが、両腕には湿疹が出、食器、床下などの消毒には、非常に気を遣ったという一面もございました。

高松におきます高潮によるごみの量ですが、その一回の台風によりまして出たごみは四年半分だそうでございます。当然、ＡＴＭ(53)は二三カ所で故障。郵便局、銀行等はいたる所で閉めております。コンビニとかで閉店した所もございます。中小企業の方によりますと、何千万もかけて機材を購入して商売を始めても、年だから元金さえ払いきれない、もう商売はやめだというような方も大勢いらっしゃいました。

町並みの樹木でございますが、冠水地域の街路樹の八割方が枯れてしまいました。後からの報告ですが、塩害による災害の場合、木というのは、葉についた塩

(53) ＡＴＭ　「automated teller machine」の略。金自動預金・支払機のこと。

分によって気孔がふさがれて呼吸ができなくなる。それから、もう一点が、海水がしみこんだ土から、浸透圧の関係で樹木の水分が根から吸い取られる、そういった関係で木が枯れるといったようなことだそうでございます。しかし、自己防衛のため一時的に落葉する場合もあるようでございます。

それから、車ですが、九月の新車販売では、四九％増でございます。前年比でございますが、一〇月で三八・九％増、一一月で二五・八％増と、これは車がいかに使えなくなったか、そのための現象だろうと考えております。一カ月で一年分を販売した自動車販売店。海水に浸かり、空気に触れると銅線はさび始め、配線の間隔が狭くなり、電気基盤を覆い、火花が飛び、燃える。（ＪＡＦ(54)実験の結果）今まで、海水と真水が混じった冠水では、発火した事例はなかったようです。塩分濃度が高いほどさびやすい。今回、高松市におきましては、車両火災二三台、いたる所で車のホーン、ライトの点滅。建物火災六件。ある消防署管内の消防車一六〇台のうち八〇台が修理、二台は廃車となりました。（新聞報道による）

何はともあれ、この災害によって経験しましたことは、塩害というのは他の災害とはまた違った意味があるということでございます。スマトラ沖大地震、大津波、これは他人事ではまずないと。現実に水が来た。それから、その水が津波であった場合どうだろう。強烈な恐怖感を持っておるのは事実でございます。これはまぎれもない事実として、ただ私が一人で感じているだけで済まされない問題であるというふうに考えております。

(54) ＪＡＦ
「Japan Automobile Federation」の略。日本自動車連盟のこと。

【山中】　ありがとうございました。

私ども、阪神大震災以降、いろいろなテーマについて整理をして、議論もしてきたわけですけれども、今日は参加者のご報告だけでも、随分、我々のこれまでの整理が追いつかないといいますか、及ばないといいますか、それ以上のいろいろな実態というのを教えていただいたような気がいたします。

この後、休憩をいたしまして、その後、全体討議に入りたいと思います。

第二部　全体討論

全体討論

【山中】 では、第二部の全体討議を始めたいと思います。

それに先立ちまして、関西学院の院長の畑道也がごあいさつを申し上げます。

よろしくお願いいします。

【畑】 一年の準備期間を経て、この一月一七日に災害復興制度研究所を本学で立ち上げたわけですけれども、早速にその第一回の被災地交流集会が持たれました。全国の被災地からこうして顔をそろえていただいて、さまざまなご提言をいただくことができて、これはものすごいことだと、今、隣の席の平松学長と話をしたところです。

この関西学院は、かつて、新聞に、上ケ原牧場と書かれたような、どこか長閑な雰囲気のある学園でしたが、随分変わったものだと今、あらためて思っています。この火が、どうか消えないで燃え続けてほしいものです。災害復興制度の抜本的な見直しと、時代にふさわしい復興制度(55)へと整備されていく、その第一歩が始まったという思いで、皆様方に感謝しております。

(55) 復興制度
わが国の法律は「復興」を定義していない。災害救助法は九条三項で「国及び地方公共団体は災害が発生したときは、すみやかに施設の復旧と被災者の援護を図り、災害からの復興を図らなければならない」とし、防災基本計画は「防災には、時間の経過とともに、災害予防、災害応急対策、災害復旧・復興の三段階」があるとしているが、どんな状態を復興というかは定めていない。

【山中】 では、全体討議を始めたいと思います。

今日はこれだけの皆様がいらっしゃいますので、詰めた論議は十分できないと思います。それから、遠路はるばる来ていただきましたのに、発言の機会が少ないということもあるかもしれません。ほんとうなら二日ぐらいにわたって開いたほうがよかったのかもしれませんけれども、それは主催者側としておわび申し上げます。

まず、進め方として、かたまりを三つぐらい考えています。一つは、「住宅の再建とまちの再生、集落の再生」というものが一くくり。それから、「生業、それから生活の再建支援、暮らし向きの支援」ということが一くくり。最後に、この「被災地ネットワークのような絆」という問題を一くくりとして考えて議論を進めたいと思います。

全国各地から来ていただいていますので、皆様に最低一言はお話をいただきたいと思っていますが、住宅再建から始めたいと思います。それに絡めて、いわゆる集落といいますか、まちの再建ということもあわせて考えていきたいと思います。

最初に、公的支援に初めて風穴をあけられたといいますか、これを社会政策というのか地方政策というのか、国はいろんな言い方をして、それは決して風穴があいたわけではないというふうに強弁されていますけれども、我々としては一つの大きなくさびを打ち込んだことになっているのだろうと思います。鳥取県西部地震、鳥取からおいでになっていらっしゃる山下さんに、まず口火を切っていただきたいと思います。

鳥取県西部地震――住宅再建支援とボランティア

【山下】　鳥取県の日野ボランティア・ネットワーク(56)というボランティア組織におります山下と申します。

今ご紹介いただきましたが、私のほうからは、残念ながら、住宅再建支援の制度についての詳細を、片山知事にかわってお話しすることはできません。そこで、私は、二〇〇〇年一〇月の際に起こった鳥取県西部地震(57)で、マグニチュード七・三、震度六強の被害を受けた日野町という地区でボランティア活動を続けてきておりますので、そこの活動を通して、この制度による効用と、それから課題として、住民の方からの意見聴取の中で感じたことを中心にお話をさせていただきたいと思います。

日野町というところは、世帯数が千五百数十で、当初の人口が四五〇〇ほどの小さな町です。今、震災から大体四年半ぐらいですが、このボランティア・ネットワークという組織は、当初起こりました災害ボランティアセンターの流れを継いで、現在、それはボランティアセンターとして発展しておりますが、そこを支援しながら、あるいは連携しながら活動する自主的な組織として発展してまいり

(56)　日野ボランティア・ネットワーク
二〇〇〇年一〇月六日に発生した鳥取県西部地震の翌年、〇一年四月に結成された。略称は「ひのぼらねっと」。

(57)　鳥取県西部地震
二〇〇〇年一〇月六日午後一時半、鳥取県西南部を中心に発生したマグニチュード七・三の地震。震源地は西伯郡西伯町～日野郡溝口町付近。鳥取県では負傷者一四一人、全半壊二八六〇戸の被害を出した。

(58)　宮城県地震
二〇〇三年五月二六日には宮城県沖を震源にマグニチュード七・〇の「三陸南地震」が、七月二六日には宮城県北部を震源に、震度六クラスの強い地震が一日に三度も続くという「宮城県北部連続地震」が起きた。

ました。

主な活動は、現在に至るまで続く地域での復興、それから、復興後の地域コミュニティーづくり、コミュニティーの再生ということで活動しているということが一つと、それから、日野町での災害というのは、阪神大震災という都市型の大きい災害の復興活動というのがありましたが、おそらくその後一番最初に起こった地方での大きな災害だと思っておりまして、一昨年ぐらいから宮城県地震(58)、あるいは昨年は福井の水害(59)、それから豊岡水害(60)、そして中越地震で川口町にお伺いして、特に意識しておりますのは、地方での災害後の復興活動、地域づくりに至るこの視点を持ちながら支援活動をするということを続けてきております。

日野町では、この災害が起こりまして間もないころに、片山知事(61)が、日野町の被害が大きかった地区に入られまして、住民の方と話をなさいました。そこで、今一番困っているのは何かということで聞かれたときに、当然ながら住民の方からは、家の再建をこれからどうしようかということで、そういったところから、かなり早い段階から住宅再建に関して支援をしなくては、行政として一番に打つべき手は何かということからできてきたと思っております。

制度の概要につきましては、お手元に、今日、コピーの資料三枚ほどお配りしていただきました。もとの居住されていた市町村に再建をされる場合に三〇〇万円の一時金を、県が三分の二を負担して出す。で、補修に関しては一五〇万円を

(59) 福井豪雨
二〇〇四年七月一八日、集中豪雨により福井市の中心を流れる足羽川（あすわがわ）が五カ所で破堤，七カ所で落橋するなどし、一七市町村で死者・行方不明五人、住宅の全半壊一九七棟、床上・床下浸水一万三六二七棟の被害を出した。

(60) 豊岡水害
二〇〇四年一〇月二〇日から二一日にかけての台風二三号による豪雨により、豊岡市の円山川堤防が決壊、川沿いの市街地が広範囲に浸水し、死者一人、床上浸水約三八〇〇戸、床下浸水約四〇〇〇戸を超す被害を出した。

(61) 片山知事
片山善博。一九五一年七月二九日生。自治省固定資産税課長、府県税課長などを経て、一九九九年四月、鳥取県知事に初当選。現在二期目。

限度として県が五〇万を超える部分に関しては三分の一を負担するということで、それから、家屋の解体に関しましても公的な費用でできることになっています。

こうしたことに手を打たなければいけないという施策が打ち出されたのは、被害が起きた日野町のような中山間地では高齢化率が三五％に上ります。ですので、住宅の再建に支援しなければ、おそらく町、村がなくなってしまうだろうというようなことから手がつけられました。もっとも、その後、住民の方から話を聞きますと、実際問題、三〇〇万円で家が再建できるわけではない。ただ、地震後に、これから一体どうやって復興していこうか、何の資産もないところでどうしようか、というときに、行政から家の復興にお金を出すと手を差し伸べられたことによって勇気が出てきたという声を聞いております。ですので、当然、こういった支援に関しましては、枠組みというものがありますが、まずそれよりも、具体的な支援の手が差し伸べられる。しかも、どうしていいかわからない一番、最初の時期に、この制度のことを考えてくれた、ということが効果として一番大きかったのではないかなと考えております。

実際に、今の日野町での世帯数、あるいは人口は減ってはおりますけれども、自然減を少し上まわっている程度にとどまっているのではないかというのが、これは感触でしかありませんが、そういった傾向を感じています。

地震が起こってから丸二年たったころに、私たちはボランティア活動で、屋根のビニールシート(62)が結構耐久性がなくて、半年、一年、陽にさらされるとボロボロになるものですから、こちらから声をかけて、シートの張り直しといったことをしていたんですが、二年ぐらいたったときに、一応町内を目視ですけれども、見て回りました。どれぐらいシートがかかっている家があるか見て回りましたところ、一五〇〇世帯のうちで、母屋、あるいは納屋、蔵、すべて含めましてですけれども、大体九〇棟ほどビニールシートがかけてありまして、その中には母屋も含まれておりました。三年たったころには母屋のビニールシートはなくなりましたが、今、四年半たっても、納屋とか、あるいは宮司さんがいない神社の社務所など、ぽつぽつとビニールシートが残っているという状況です。

こうした制度によって、全体としてはかなり助かったということは間違いなく言えると思うんですが、残された課題としては、運用という問題が残ります。

基本的には、補修をして、それから領収書をもらって、申告をしてお金をもらうという仕組みでしたので、立て替え払いなど、金銭的な余裕のない方にとっては使いにくい部分もあったということが一つ。

それから、住宅の補修といいましても、一五〇万でどれくらいのことができるかというと、大きい屋根だったら、結構田舎ですから大きい家が多いんですけれども、屋根の瓦をかえると一五〇万はすぐ飛んでしまう。そうすると、最低限のところだけ直して、生活のほうは何とかやっているという家もまだたくさん残っているということがあります。

(62) 防水シート
災害救助法の住宅応急修理で、屋根の葺き替えなどが間に合わない場合、雨漏りなどを防ぐために用いられる。現物支給が原則。

それから、心理的な部分で、例えば若い方が同居されている家、あるいは後継者が帰ってくる見込みがある家は、やはり家をきれいにする。お金をかけても再建することを最優先するんですけれども、同居者もいない高齢者世帯で、子供が帰ってくる当てもないという家は、最低限住めるというところまでやって、あとはもう手をかけないという家が多いですね。そこで、後継者がいないということは、いざ家に手を加えるかどうかということを考えたときに、跡継ぎがないということを改めて再認識して、もうこの家はこの程度までだと一種のあきらめというか、生きることに勇気がなくなるといったようなことがでてくる。こうした部分は制度で幾らやっても補えない。この点につきましては、行政とか、あるいは福祉的な部分でいろんな組織をつくっていく必要性もあると思います。その一方で、私たちボランティアが、その後、毎月、ケア活動の一環として、地域づくりの活動としても、高齢者のお宅を誕生日訪問(63)をやっているんです。こういったことでサポートしていく必要があると考えています。

日野町の場合は、正直なところ、行政とか福祉、あるいはボランティアといったところが、本当はもうちょっと連携をとっていけば、もっとうまくやることができると思うんですが、今だに十分でない。四年半たってこういうふうに活動を続けているのが現状です。

【山中】　草地さん、何か補充はございますか。

(63) 高齢者誕生月プレゼント
日野ボランティアネットワークでは毎月、その月に生まれたお年寄りの家庭をプレゼント持参で訪問している。地震後の聞き取り調査結果を元に、お年寄りのその後の安否確認や困りごと相談をかねて二〇〇二年四月から始まった。

【草地】 私は日本キリスト教団境港教会、キリスト教の教会の牧師という立場でおるんですが、隣にいらっしゃる山下さんと、本当に地域の再生ということを目指して今なおかかわりを持っているという意味で今日は参加をさせていただいています。

鳥取県が行ったこの住宅再建の支援というのは、行政が積極的に地域を復興させる、このことがなければ地域が滅んでいくということに危機感を持った結果だったろうと思います。

ただ、私は阪神・淡路大震災を経験したんですけれども、このような制度が果たして阪神・淡路大震災のような都市型の大災害に対して、一県の独自施策でできるだろうかということについては疑問だと思います。財政的な面で、全壊世帯に対する支援、これは五億九〇〇〇万です。一部の修復に関しては二三億、それでもかなりの額ですし、鳥取県では全県が六〇万人しか住民がいない県ですから、その中でこれだけの支援をするということは、よっぽどの努力が要ったのだろうと一県民として思うんです。ですが、さらにこれが一けた、二けた増えていったときに、本当に県独自の対応だけで、この災害列島に住む私たちが安心して生活再建できるかという点については、甚だ疑問だと思います。そういう中で、今回、被災地交流集会というような形で、全国から集まって被災経験を持つ者たちが一致した声を上げていくというんですか、そういうことの大切さを痛感しています。

鳥取県西部地震は、あくまでも一地方における災害ということで、こういった公的支援ができたけれども、果たしてこれを全国規模に広げるときはどうなのかという議論がより活発になされていかなければいけないんじゃないかと思っているところです。

【山中】　ありがとうございます。

まさに、今、草地さんがおっしゃったことを私も申し上げようと思っていたんですけれども、以前、静岡県にお伺いして、鳥取方式で東海地震(64)が起きたときにどれぐらいのお金がかかるかということで計算をしてもらったことがあるんですね。そうしますと大体九〇〇〇億かかる。静岡県の財政ではとてももたない。だから、片山知事のご決断には非常に敬意を表するものですし、公的支援に突破口を開いたという意味では一つのエポックメーキングであったろうとは思いますが、これがすべてに通用するわけではないだろうと。これをどういうふうに制度的に磨き上げていくのかということは一つの分野として必要だろうと思いますけど、もう一つの有力な案として、兵庫県が提案していらっしゃって、今年度から実現に移そうとなさっている共済制度(65)というのがございます。それについて、藤原さん、ご説明をお願いいします。

(64)　東海地震
静岡県西部・駿河湾一帯を震源とするプレート境界型の地震。マグニチュード八クラスの巨大地震で、神奈川県から愛知県にかけての広い範囲で強い揺れが起こり、津波での大きな被害も起きると想定される。他にも、東南海、南海、合わせて三つの地震を地震三兄弟とも言われている。これら三つの地震は、百数十年のサイクルで起こっているが、そのうち東海地震だけが、一五〇年近く経ってもまだ起きていないため、いつ起きても不思議ではないとされている。

(65)　共済制度
正式には兵庫県住宅再建共済制度という。住宅の所有者が負担金を出し合い、自然災害で住宅が壊れた場合、助け合うシステム。県条例によると、共済負担金は年額五〇〇〇円、住宅を新築、または購入する場合は最高で六〇〇万円が支給されることになっている。当

兵庫県住宅再建共済制度

【藤原】　済みません、私の言いたいことの半分は、今、山中さんにおっしゃっていただきました。

住宅再建というのは、復興を進める上での最大の課題であろうと思います。最初にお話がありましたけれども、被災地の生活再建の基盤を回復するということでありますし、被災地域の再生にとって、住宅を再建するということは非常に大きな意味を持っております。人口を回復しなければ商売にもならないというようなことでありますから、二つの側面、被災地の生活再建基盤回復、被災地再生、早期再生という意味合いがあろうかと思います。そういう意味で、私ども兵庫県では、震災直後から、住宅再建について、「自助」、「公助」、「共助」、この三つが適切に相まって住宅再建の適切な支援ができるのではないかということを訴えてまいりました。

言うまでもなく、「自助」というのは自助努力、地震保険に入ったり、あるいは住宅の耐震化をしたりということでありますが、地震保険をとってみますと、これは昭和三九年、時の大蔵大臣が田中角栄さんですが、新潟地震を契機に保険制度をつくろうということで、審議会で審議をして、昭和四一年に、地震保険法というものができました。ただ、地震という自然災害、これは大数の法則(66)に乗らない。要するに、いつどこでどんな規模のものが起こるかわからない、保険料の支払いができないような異常、巨大な災害が起こる可能性があるというふう

面は兵庫県内だけで施行し、将来的には全国展開を考えている。

(66) **大数の法則**
スイスの数学者ベルヌーイに寄って確立された定理。ある事象が一見、偶然や、不規則的に見えても、同じ属性を持った事象データを大量に集めれば集めるほど、その事象が一定割合で発生しているという法則。

なことで、いろんな制約が設けられています。地震保険法には家の評価額の三割から五割しか出せませんよと。で、地震保険は単独ではだめですよ、火災保険と一緒に入ってくださいね、こういうことになっております。したがって、保険料は高いし、出てくる保険金は少ないというふうなことがあって、今現在、全国で一七%程度の加入率しかございません。一番高いところでも、今まで東京がトップだったんですが、去年、愛知県がトップに躍り出ました。二六%程度の加入率というふうなことになっております。したがって、その程度の加入水準でありますので、住宅再建の仕組みとしては若干物足りないところがあると。

次は、「公助」でありますが、昨年の四月から居住安定支援制度という制度ができました。ただ、支給額は最大二〇〇万円ということであります。先ほどもお話がありましたように、たとえ二〇〇万円であっても、大きな災害になりますと相当なものになります。阪神・淡路ですと四五万世帯が全半壊、平均二〇〇万円出すと、それこそ九〇〇〇億円、兵庫県の県税収入が年間五〇〇〇億程度ですから、二年分の税収を全部そこにつぎ込まないかんというふうなことになります。公的支援には、やはり大規模災害時の財政負担という大きな課題が一つあります。さらに、兵庫県では持ち家と借家の比率が六対四なわけですが、四割が借家の方です。借家の方も税金を納めておられますので、税金でそういう財産を持つ人のためにだけ支援するということについては、全体の了解が得られるのかといった問題もあります。したがって、公的支援の支給水準にはおのずと限界があるだろうと。そこで、兵庫県は、住宅所有者が平時から資金を寄せ合って、いざというときに支援しましょうということを全国でやりたいということを訴えてまいりましたが、なかなか地域の意識格差というものが埋められずに、全国制度の合意には残念ながら至っておりません。

そこで、何かにつけて全国の縮図である兵庫県、じゃ、兵庫県単独でやってみようよという話で、二年間検討をしてまいりました。いよいよこの二月二三日に開く県議会に条例を上程します。そして、来年度、できるだけ早い時期にスタートさせたい。

この制度、中身は、年間五、〇〇〇円程度住宅所有者が持ち寄りまして、いざというとき、住宅を再建するときに六〇〇万円出そうと、こういう仕組みでありますこの仕組みをぜひ県議会にご了解いただきたいということで、条例(67)の準備作業がほぼ詰まってきておりまして、私らに与えられた時間は、実は今日と明日しかございません。きのうも夜中一時半ごろまで作業しております。このお話をさせていただいたら、申しわけございませんが、早速県庁に帰って、今日はおそらく家には帰れないだろうと思っておりますが、そういう共済制度を考えております。

阪神・淡路の大きな教訓として、自助努力には限界がある、そして公的支援にも限界があるということを皆が認識し、そして、みんなの助け合いとか支え合いで乗り越えてきた、この経験を仕組みにしたいというのが私たちの願いです。最

(67) 兵庫県住宅再建共済制度条例　平成一七年(二〇〇五)三月議会で制定された。九月から施行される。

初に室崎顧問からお話がありましたように、震災の経験を教訓とし、教訓を文化としようと。で、文化とは何かと。仕組みとか制度をつくることだと、こういうお話がありましたが、まさにそのことであります。助け合いの教訓を仕組みとして後世に残したい、このように考えております。これは兵庫だけの仕組みであってはならないと私どもは考えております。ぜひとも全国で共有したい教訓でありますので、全国展開を呼びかけてまいりたいと思いますので、ご参集の皆様には、ぜひその折にはご理解いただきますようにお願い申し上げまして、私のお話を終わらせていただきます。

【山中】　ありがとうございます。

住宅共済制度というのは、被災者生活再建支援法ができるまでは、固定資産税に上乗せをして、全国の持ち家世帯から掛金を集めるという考え方であったんですけれども、それが市長会とか町村会の反対等々がありまして、今度の掛け捨てといいますか、コンビニ(68)でも申し込めるというような簡易な方法をとりあえずとられようとしていらっしゃるようなんですが、何で固定資産税上乗せができないのかというのが私はいまだにちょっと疑問でして、ここには神戸市の収入役さんに村長さん、町長さんがいらっしゃいます。少し深めてみたいなという気持ちがありまして、金芳さん、どんなもんですか、固定資産税上乗せというのは難しいんでしょうか?。

(68)　コンビニ（加入手続き）
当初、コンビニからでも加入手続きができるようにとのアイデアが検討されたが、最終的には県民局や市町の窓口に用意された所定の用紙に記入、（財）兵庫県住宅再建共済基金に郵送で申し込むこととなった。負担金は郵便局・銀行の口座振替によって納付できる。

【金芳】 固定資産税(69)というのは市町村にとっての基幹税であり、十分な論議が必要です。

【山中】 ええ、それはわかっているんですよ。

【金芳】 そこに上乗せをするというのは増税というふうに受け取られる可能性もあります。また、こうした共済の掛金というものを税金に上乗せしていくことの妥当性といいますか、そういう部分もあろうかと思います。

それと、固定資産の仕組みを使うというと、家の評価もかかわってくると思うんですね。固定資産税の台帳というのがありまして、事務的なことを言いますと、そこに、住宅の面積とか住宅の評価とかいうものが載っているかというと、そうじゃないんですね。併用住宅なんかがありますから。それを、じゃ、併用住宅のうちの店舗部分と住宅部分があって、住宅部分は幾らですかというと、その作業に大変な労力をかけて、再評価しないといけないんですね。そうしたことが、平成一二年一〇月、ないしは一一月に出た議論だと私は承知しておりますが、補足があれば。

【山中】 実はこの間、新潟へちょっと呼ばれまして、シンポジウムに出たんで

(69) 固定資産税
地方税（市町村税）で一月一日現在の不動産（土地・建物）の所有者（固定資産税課税台帳に登録されている人）に課税される税金。共済制度が考えられた当初は固定資産税に上乗せして徴集することが検討されたが、市町村の反対で頓挫した。

すけれど、そのとき、一般の参加者の方が手を挙げられておっしゃったのには、消費税の中に住宅再建支援のための税源を含めてもいいよ、住宅共済賛成だ、公的支援も賛成だと。要するに、消費税に上乗せしても、おそらく国民の大部分は賛成するのではないか、それを朝日新聞は提案しろというような、なかなか難しいご意見でした。でも、被災された方はそこまでのお考えをお持ちになるのかと少し感動した覚えがあります。今日は、そこのところの議論を深めるわけにはまいりません。しかし、福崎先生。長崎県で最初に住宅共済システムを考えつかれ、木村さんと一緒に法案に近い形にまでになさった福崎先生に、その辺の見解をお話しいただければと思います。

それと、その後の流れとして、まちづくりのほうへ移りたいと思いますので、安中の三角地帯のかさ上げ等々を含めて、お二人、どちらでも結構ですけれども、まちづくりの方にも言及していただければと思います。

雲仙普賢岳噴火災害

【福崎】　弁護士の福崎です。

少しやっぱり感激しています、このような被災地交流集会までやれるようになったのかという。島原の災害のときには、正直なところ、義援金では全国の皆さんにものすごくお世話になったんですけれども、こういう形での議論というのはほとんど孤立無援で、いかにして国からお金を引っ張ってくるかとか、そういうことしか考えていなかったんですけれども、渋谷さんにはほんとうに申しわけないんですが、とにかく国にはいろんなポケットがある。そのポケットには、お金が入っているところもあるし、入っていないところもある。お金を出しやすいところもあるし、出しにくいところもある。それをいかにしてこの雲仙岳災害で使うか。特にこの災害では、特別にこの要件を緩和して使えるのがないかとか、そういう発想で取り組んでいたんですね、要するに、このような発想での対処や対策は長崎県庁がやっていたことですけれども。そういう意味では、あまり真正面からいろんな理論的なことを議論するというのはなかったんです。

私は、昭和五七年の長崎大水害(70)の被災者なんです。大水害で三〇〇人ぐらい亡くなっているんですけれども、もちろん家も流され、要するに土砂崩れで家もなくなっている方がかなりいるんですが、住宅再建という言葉は社会問題化しなかったわけです。なぜかと今考えてみると、やっぱり水害ということで損害保険での対応が一応できたということがあったんだろうと思うんです。その一方で、島原の雲仙普賢岳災害後に、急に生活再建、住宅再建という問題が起きてきたのは、やっぱり損害保険対応ができない形の災害、要するに、民間の保険の対応ができない形の災害だということだったことが一つ。それと、もう一つ、やっぱり警戒区域の設定という、長期に地域に入れない、生活の場に戻れないという、この二つが大きな要因で生活再建、住宅再建という問題が出てくることになり、そ

(70) 長崎大水害
一九八二年（昭和五七年）七月二三日から二六日にかけて、九州から近畿地方の西日本一帯を襲った豪雨災害。特に、長崎市では日雨量で五〇〇ミリを超す記録的な豪雨となり、急傾斜地崩壊、土石流等により、県全体で死者・行方不明者二九九人という大惨事となった。長崎市の中心部では、深さ二メートルの浸水状態となったほか、寛永一一年に造られた日本最古の石橋である「眼鏡橋」（国指定の重要文化財）も破壊された。

れが住民運動に発展していったんだと思うんです。

そして藤原さんが理路整然としゃべられた、このことをいろいろ考えるのに、それこそ二年、三年、四年とかなりの時間がかかっているんですね。で、なぜ自分たちが、弁護士会を動かし、まず九弁連(71)を動かし、日弁連(72)を動かしということで、いろんなことやっていったかというと、すべてはやっぱり霞が関のお役人の方々が地元に来て言われる言葉、要するに「自助努力」、「自力復興」、「それしかないんですよ」という時代、「それが大原則だ」というふうに言われて、動かしがたい壁となっていたことが背景にあります。実を言うと、この背景的な事情が住宅再建共済制度というのを考えついた要因だったんですね。要するに、税金じゃなくて、そのことのための共済金であればいいじゃないかと。

それと、先ほど藤原さんが言われたとおり、田中角栄さんが地震保険法という制度の言い出しっぺのようなんですけれども、もともと強制加入にする予定だったという話なんですね。ところが、やはり強制加入は無理だという、そこで反対になったということを書いてあったんですけれども、そのときに強制加入にしておったら、共済制度なんかを考える必要は多分なかったと思うんです。いずれにしても、自助努力という言葉をいかにしてクリアするかということになると、やっぱり共済制度に行き着くしかないというのがもともとの流れなんです。

しかし、今回、鳥取県の片山知事のおひざ元では、その自助努力の壁なんていうのを一発でぶっ飛ばすような制度をつくって非常にうれしかったんですが、

(71) **九弁連意見書**
九州弁護士会連合会は、雲仙岳噴火災害特別チームの検討結果をもとに、九二年四月、災害対策システムの抜本的改革や国レベルの基金設置を提案。

(72) **日弁連意見書**
日本弁護士会連合会は、九四年二月、「災害対策基本法に関する小委員会(委員長藤井克己)の検討結果を基に災害対策基本法等の改正に関する意見書を提出。長期化大規模災害対策法や災害対策基金創設措置法の制定などを提案した。

じゃ、今まで僕らが一生懸命考えてきたのは何だったのかという、そういう気持ちはあったんですけれども。ただ、最後の最後に行き着くところは、僕は共済しかないんだろうと思うんです。

といいますのが、多分、金額的には、今、各自治体で幾つか、要するに税金投入という形でやっていますけれども、これはやっぱり二〇〇万、三〇〇万、高くても四〇〇万、このレベルだろうと思います。で、建物を再建しようという気持ちにするのは間違いないと思いますけれども、それがその金額ではできないという家庭というのもかなりあると思うんです。そうすると、やっぱり最終的には共済しかないんだろうと。で、税金を投入するについては、藤原さんが言われたとおり、持ち家家庭もあれば、借家家庭もある、やっぱり同じ納税者ということがありますので、不公平感というのが多分出てくるだろうというのもあります。

しかし、共済制度であれば、その建物の再建に特化できますので、理論的にも、また財政的にも、金額を大きくしようと思ったらやっぱり共済制度しかないんだろうとは思うんですが、ただ、巨大地震が来たときに、まず一つは、満額払えるかどうかという問題が、最後の最後の議論としては残ると思います。それと、ある地域だけに膨大な金を落とすというのは、経済的にどういう影響があるのかというのをきちんと考えておかなくちゃいけないだろうと思うんです。

いずれにしても、今日みたいな会議といいますか、こういうのができたということは非常にうれしいことなんですけれども、この仲間が増えるというのは非常に悲しいことなので、とにかく被災者救済のシステムを考える基地にぜひなってほしいいし、今から先の被災者にとっては非常にいいことだろうと思います。そういう意味では、今日は非常に意味のある会議だなというような気がいたしております。

【山中】 ありがとうございます。

わが国の被災者支援に係わる基本は、戦後、昭和二二年にできた災害救助法(73)の現物給付主義ですね。だから、住宅が旧に復するというのは、仮設住宅、公営住宅、物を与えれば、それは旧に復するんだろうというような考え方だと思うんですが、先ほど長島村長もおっしゃったように、それだけではどうも人間の生活というのは復興できないのではないか。

だから、それは住まう場所、生活環境、あるいはいろんな自然、人々の息づかいとかぬくもりとか、そういうものも復興しなければ、それは本当の住宅再建にならないのではないか。そこがやはり共済とか公的支援という形で、いろいろ地方の首長とか自治体は考えておられるんだろうと思います。

とはいえ、山古志の皆さんは元の村へ帰ろうとしていらっしゃるし、三宅島も元の居住地へ帰ろうとしていらっしゃるわけですけれども、なかなかそうはいかない場合もある。そうなると、集落ごと再生する道を探らなければならない。で、そこは先駆者といいますか、例の大きな津波にやられた奥尻町というのもそうい

(73) 災害救助法
第二三条二項には「救助は、都道府県知事が必要があると認めた場合においては、前項の規定にかかわらず、救助を要する者(埋葬については埋葬を行う者)に対し、金銭を支給してこれをなすことができる」、また、第二三条一項七には「生業に必要な資金、器具又は資料の給与又は貸与」とあるが、過去に埋葬料について金銭支給された例はあるが、それ以外に現金支給の例はないといわれている。

うふうな形にして、中心が移られたということがございます。そこのところを少し長崎さんからご紹介していただければと思います。

北海道南西沖地震

【長崎（奥尻）】北海道の奥尻町(74)から参りました長崎と申します。よろしくお願いします。

今まで皆さんのいろんな被災地のお話を聞いておりますと、おそらく奥尻の住民が一番支援、復興に関しては優遇されているんじゃないかなと私は思っています。例えば、住宅再建ということになりますと、まず、大体一六〇〇世帯があったんですが、全世帯数のうち約五三〇世帯が全壊、半壊なんです。で、全壊、半壊した住宅を新築する場合には、一軒の限度額として七〇〇万円が助成されます。さらに、五人以上の世帯の場合は八〇〇万円が支給されます。それプラス、例えば細かいところまでいいますと、仮設住宅を出て住宅再建する際はもちろんのこと、公営住宅に入る人にも、その転出費用を三〇万円助成しました。

それと別に、家財家具を購入するのに例えば五〇万円だとか、そういったいろいろな支援メニューを全部で七三項目つくったわけです。その七三項目の中では、住宅支援だけじゃなくて、例えば生業の支援、農業者であれば農業者に対する支援であるとか、そういった項目も含まれております。全体で一九〇億円という義

(74) 奥尻町
一九九三（平成五）年七月一二日、北海道で死者・行方不明者二三〇人を出す惨事となった北海道南西沖地震の最大の被災地。同町の犠牲者は総人口の四・二％にあたる一九八人にものぼった。

援金が島に入ったわけですが、そのうちの九〇億円を原資(75)にしまして、そういった支援事業を行っております。

それから、住宅再建については、おそらく当初、持家住宅はほとんど建てられないだろうという見通しを立てまして、こちらでいうと県営住宅になりますが、災害道営住宅を八六戸、それから災害町営住宅も八戸建てたわけです。ところが、全国の皆様のおかげでいっぱい義援金が集まって、先程申し上げたような支援が出来たものですから、ほとんどの人が住宅を新築しちゃったんですね。例えば、高齢者のご夫婦で、息子たちも道外へ出て、もう帰ってくる見込みがないといった方も、住宅を建てなければ七〇〇万円はもらえないものと勘違いされまして、住宅を再建しましたが、そういったご夫婦が亡くなった場合に、住宅が空いてくるんじゃないかなと、逆にそういう心配も今出てきております。

まちづくりの関係につきましては、津波で全壊した集落が、三カ所ぐらいあったわけですが、特に最大の被災地である青苗地区では、当時の水産庁の補助事業でありました漁業集落環境整備事業(76)という事業を使って再生しております。

それから、もう一つ、青苗岬地区という一番海抜の低いところで、もちろん津波で全部流されたところなんですが、そこにつきましては、国交省の防災集団移転事業(77)、これを使いまして、それぞれまちづくりを行ったわけです。土地に関しては、まず、個人所有地がほとんどですから、町がその個人所有地を全部買い上げて、ちなみに、その青苗岬地区であれば坪二万三〇〇〇円という金額なん

(75) 九〇億円を原資に
奥尻町では、全国各地から寄せられた多くの義援金の中から、当初九〇億円を原資として被災者の自立復興を援助するため「災害復興基金」を設立させた。

(76) 漁業集落環境整備事業
漁村の健全な発展に資するため、漁港の背後の漁業集落などにおける生活環境の改善を図る事業です。用地整備、漁業集落道整備、土地利用高度化再編整備、防災安全施設整備、広場施設整備、地域資源利活用基盤施設整備、特認事業などの事業がある。

(77) 防災集団移転事業
災害が発生した地域や災害危険区域(建築基準法第三九条)のうち、住民

ですが、いったん町で買い上げて、今言ったいろんな防災集団移転事業とかを使って町が宅地を造成し、同じ金額の一坪二万三〇〇〇円なりで被災者に分譲して売るという方式をとっております。

また、住宅再建地については、どうしても海の近くに住宅を再建したいという漁師の意向も取り入れ、造成にあたっては、防波堤などの津波対策を十分施した上で、さらに三―六メートルの盛土をして元の場所に住宅を建てていただいたところもあります。

最後に津波に関してなんですが、スマトラ沖地震による被害が拡大していますけど、本町の津波対策では、まず、防潮堤や人工地盤(78)、避難路や防潮水門などといったハード面の設備は整えたわけですが、やはりふだんからの防災教育が大切だと思います。海岸近くにいて、大きな地震を感じた場合、津波が来るから高台に逃げるという意識をふだんから住民に徹底させておくことが重要です。我々は経験しているからそういった行動をすぐとれるのですが、経験していない子供たち、さらにこれから生まれてくる者にいかにそういった防災に対する意識、津波に関することだけじゃなくて、地震だとか洪水、大規模火災などの各種自然災害に対する防災意識を後世に伝えていくかということが、我々に託された大きな使命だと思っております。

【山中】 二点質問なんですが、一つは、防災集団移転事業ですが、これは普通

の生命、身体、財産を保護するため住居の集団的移転を促進する事業。一〇戸以上か、対象が二〇戸を超える場合には、その半数以上の参加が必要だが、新潟県中越地震については最低規模が五戸以上に緩和され、補助基本額も一般より高い基準が適用された。

(78) 人工地盤
北海道南西沖地震の津波災害を教訓に二〇〇〇年一〇月、奥尻町・青苗漁港に完成したわが国初の緊急避難用高台「望海橋」。縦三二メートル、横一六四メートル、高さ六・六メートル、面積四、六五〇平方メートルのコンクリート製地盤で、六五本の鉄骨鉄筋コンクリート柱で支えられている。日常的には漁業関連の作業場として活用。

住宅再建の費用は出ませんよね。

【長崎】 そうですね。

【山中】 それは義援金でなさったということですか。

【長崎】 そうです。

【山中】 それから、もう一つ、集落の移転をしていますよね。これは先ほど山古志の長島村長から提案があったように、同じような集落といいますか、隣近所の関係をそのまま移転させるという方式をとられたんでしょうか。

【長崎】 そうですね。移転先も、いわゆる住民のまちづくり団体的なものが組織されまして、そちらの意見を聞きながら、ここがいいんじゃないかということで決めました。あとは、区画整理を行った後で希望をとってほぼ希望どおりのところに移転させました。ただ、集落的には同じ場所に再編することができず、一〇〇メートルか、そのぐらい離れていますけど、大体同じ町内会内には移転させることができました。

【山中】 その移動というのは津波の関係でしたね。

【長崎】 そうですね。私の経験では、南西沖の一〇年前にも日本海中部地震(79)というのがありまして、実は、そのときにも津波被害を受けた場所なんです。それで、いずれにしても、六メートルなり七メートルの盛土をしても危険だということで、そこには一般住宅は建てたらだめだということにして防災集団移転を実施しました。そこは今、公園整備しており、「津波館」(80)などの公共施設を建てています。それで、そこから少し離れた高台に集団移転させました。

【山中】 その今住めなくなった場所というのは、これは公営地に、買い上げになっているわけですね。

【長崎】 そうです。町の土地になっていますね。公園整備したり、あとは、後世にそういった震災の恐ろしさを伝えるための「津波館」という施設を設置したり、慰霊碑も建てたりという具合に使っています。

【山中】 ですから、津波ですから、移動幅はあまりそう大きくはなかったということですよね。

(79) 日本海中部地震
一九八三（昭和五八）年五月二六日正午前、津波によって多くの犠牲を出したマグニチュード七・七の地震。震源は秋田県・男鹿半島沖約一〇〇キロメートルの海底（北緯四〇度二一分、東経一三八度九分）。死者一〇四人のうち、大半が津波の犠牲で男鹿市では、遠足中の合川町立合川南小学校の児童一三人とスイス人女性らが犠牲となった。また、地盤の液状化が目立ったのも特徴でライフラインが大きな被害を受けた。

(80) 奥尻島津波館
北海道南西沖地震の大津波や火災によって奥尻島が受けた災害の記憶を風化させないため、二〇〇〇年一一月、青苗港に建設された。総工費一一億五〇〇〇万円。延べ面積約一、三五〇平方メートル。テーマごとに七つの展示スペースを設け、それぞれの視点から災害の記録を保存・展示して後世に伝える。

【長崎】　そうですね。

【山中】　そうすると、そこのところが火山災害とは少し違うのかなという気がいたします。いわゆる有珠山の噴火災害がありまして、一時は洞爺湖の温泉街も移転させようかという話があったぐらいなんですが、初めて土地利用規制(81)ということを考えられましたのは、壮瞥町の山中町長に少しその集団移転等も含めて、土地ゾーン利用というんですか、その点も含めて少しお話をいただきたいと思います。

有珠山噴火災害

【山中（壮瞥）】　北海道壮瞥町(82)の山中でございます。

二〇〇〇年の有珠山噴火災害がございまして、我が町は、直接的な被害というのはほとんどありませんでした。とはいえ、その前の噴火が一九七七年にございまして、二三年ぶりということになりますが、有珠山の火山の活動周期というのは大体二〇年から三〇年ぐらいの周期と言われておりますから、また、二〇年から三〇年後に災害というものを想定して地域づくりをしていかなければならない、そういうふうな地域にあるということでございます。

地震であるとか、あるいはまた風水害とは、この火山災害というのは違ってお

(81)　土地利用規制
北海道有珠山噴火災害復興対策委員会が二〇〇一年三月にまとめた有珠山噴火災害復興計画基本方針の中で打ち出した土地利用規制（ゾーニング）構想。伊達市、虻田町、壮瞥町は、この方針に基づき具体的計画を策定したが、二〇〇四年二月、住宅の移転まで視野に入れた私権制限のゾーニングは困難として一部白紙に戻した。

(82)　壮瞥町
壮瞥とは、アイヌ語「ソーペッ」（滝の川の意）から転化した地名。支笏洞爺国立公園内にある有珠山、昭和新山を中心とした美しい自然があるまちとして知られる。

りまして、災害の形態というのは、それぞれあるわけですから、一般制度として私どもが取り組んできたことがほかの地域に当てはめることができるかというと、これはなかなか難しいことだと思います。特に同じ火山災害でも、三宅島の皆様方はこれから帰郷をされて、三宅で復興されるということでございますから、そういう意味では、何か水を差すような話になるかもしれません。しかし、私どもといたしましては、今申し上げたように、現在の科学的知見で既に有珠山の活動パターンというのは大体明らかになってきておりまして、短い周期性を持っているということ。それからまた、私どもの地域というのは、有珠山という火山そのもの、あるいは山ろく深くに地域形成をしているという背景を持っておりますので、次の活動期までにどのように対処しておくべきか、ということでございます。

で、二〇〇〇年の噴火は、まさにそのような地域を今まで土地利用してきたという部分の限界といいましょうか、そういう実態を明らかにした災害だったと言えると思います。有珠山を挟んで北側に洞爺湖(83)という湖がございまして、その湖岸に隣町の虻田町、壮瞥町の観光地が形成されております。今度は有珠山の南側、こちらは岸部で噴火湾と言っておりますけれども、そこに虻田町の中心市街がございまして、湖畔の洞爺湖温泉から虻田町の本町を結ぶ、大体これは車で行きますと十分ぐらいのところですけれども、国道が走っていますが、この国道から噴火をしたわけです。噴火口がいわゆる国道からあいたという、そういう地

(83) 洞爺湖
支笏洞爺湖国立公園に位置するカルデラ湖。周囲四三キロ、面積七〇平方キロ、最大水深一八〇メートル。湖のほぼ中央に浮かぶ中島には、エゾシカも生息している。湖畔には有珠山、昭和新山という二つの活火山があり、周辺に洞爺湖温泉、壮瞥温泉、洞爺村温泉などの温泉街が広がる。

域なんですね。ですから、土地利用が既に火山の活動域に深くはまり込んでいるということでございまして、これをまた次の噴火に、今のような土地利用をそのままにしてまいりますと、当然、いろんな災害というものが再び起こる可能性があるということでございます。

また、洞爺湖温泉というのは、北海道においても有数の観光地ということでございますから、定住している住民プラス観光に来ていただく不特定多数の方々に対する防災対応というものもしていかなきゃならないということがございます。これをどうするのか、将来にわたってどういうふうにこの地域の防災、減災を図っていくのかという課題がやっぱりあるということで、将来噴火があって、それで災害が予測される地域、これはハザードマップ(84)ができておりますから、そのハザードマップを基準にして、出来うる限り災害回避をする。より明確に言えば、土地利用というものをどういうふうにしていくのかということを、北海道庁とも含めて議論させていただいたということなんです。

かなり煮詰まった議論をしまして、土地利用の考え方について、また、私権、こういう部分に対する強権発動をある意味ではするわけでございますから、その部分の補償をどうするかというような議論もかなり深くやってきたんでございますけれども、昨年の初めに、最終的にはこれはなかなか難しいということで、特に道庁さんのご判断で、途中で頓挫をしたというふうな経緯になったわけでありますす。大変残念だったと思う一方、今までも議論の中でもありましたように、私

(84) ハザードマップ
防災マップ、災害予測図、危険区域予測図とも呼ばれる。過去の災害記録や実地調査などをもとに危険な場所や避難経路を地図上に表したもの。

権に係る部分でございますから慎重にやるべきだというふうに思っておりまして、考え方をきちっと整理して、再度、次の噴火までに、これからの地域形成のあり方については考えていかなければならないなと思っております。

先ほどからも議論がございましたとおり、公的な支援ということでいえば、やはり限界がもちろんあると思います。先ほども申し上げたように、災害形態というのはそれぞれ違うものでございますし、対応もそれぞれ違うということですから、一般制度としては、今の生活支援法等も含めて、もう少し拡大をしてというふうなことをこれから訴える必要性はあると思いますけれども、それだけではやっぱりカバーできない。福崎先生も含めて、取り組まれておられる共済制度、私どもは全く賛成でございます。こういうことを道庁の方にも申し上げた経緯もございます。北海道もいろんな災害の起こる、そういう地域ですから、率先してやはり北海道がほかの都府県に呼びかけて、そういう共済制度というものをきちんと制度として確立していくようにお願いしたらどうかということを知事にも申し上げたことがありましたけれども、そういう共済制度の樹立、これは全国ネットでやるべきだと私は思っております。

それから、「自助」という形でいえば、もっと使いやすい災害保険等々も、これも検討していただくように、そういうふうな仕組みをやっぱりつくっていく。複層的な仕組みでないと、一つの制度だけではなかなか支援のあり方というのは難しいのではないかと私は思っておりますので、そういういろんな角度で支援制度、あるいはまた仕組みをつくっていって、トータルでどれだけの支援ができるのかというようなことを考えていくほうがより現実的なんじゃないだろうかと思っております。

先ほど申し上げたような土地利用というのは、私権の制限を一部するわけでございますから、これも強権的にではなくて、いわゆる希望者に対して、移転を希望する個人に対してどのような制度の支援ができるのかというようなことも考えていく。それから、万が一に、そこに住んでも自分はいいんだという人間であっても、例えば災害が起こって被害があるということは想定されるわけですから、そういう部分をどういうところで救っていくか、これがまさに先ほど申し上げた複層的な支援制度であり、また仕組みで、どこかで救っていけるというようなことにつながっていくんじゃないだろうかなと思っていまして、そういう角度でこれから有珠山周辺の地域のあり方というものをもう少し具体的に、また現実的に進めてまいりたいと思っています。

【山中】 ありがとうございます。

先ほど、奥尻の長崎さんから非常に手厚い再建支援があったというお話がありましたけれども、これは兵庫県の一〇年の復興検証の資料なんですが、見ますと、雲仙普賢岳では一世帯当たり、必ずしもこの金額じゃないでしょうけど、計算上は約三二〇〇万円、それから、北海道南西沖で二五〇〇万円、阪神・淡路では四〇万円の義援金が一人当たり支給されている。これだけの差があったということなんですね。トータルでいうと、雲仙普賢岳は二三四億円、北海道南西沖は二六〇〇億円、阪神・淡路は一八〇〇億円、けたが全然違うんですけれども、被災者が多かったがゆえに、一人当たりとしてはこれだけの差が出た。こういう義援金が原資になって非常に手厚い支援が行われた。しかし、それを当てにするわけにはいきませんよね。今までのお話で、住宅の自力再建は無理だろうということは、被災地の共通認識であろうかと思います。

それから、集団移転ではなくて集落の再生というのは、やはりコミュニティーというものの維持が必要であろうということです。で、どうしても土地利用規制をしなければならないときは、やっぱりご本人の意思を尊重した上で、できるだけ危険を避けるべきであろう。そのためにいろんな法制度、システムをやっぱり構築するというか整備していく必要があるだろうというお話が出てきたと思います。

もう一つ、非常にうまくいった例として、やはりこれはご紹介しておかなきゃいけないと思うので、木村さんにぜひお願いしたいんですが、雲仙普賢岳の安中、今再生しつつありますけれども、どういうような仕組みで行われたのか、少しご紹介いただけますか。

復興事業制度をメニュー化する

【木村】　今、お話がありました島原の安中地区、三角地帯でございます。これは平成三年の雲仙普賢岳のときに、土石流で再三土砂が流れてきて、特にひどかったのは平成五年のゴールデンウイークのときに、土砂で集落の半分ぐらいが埋没してしまった。宅地、農地が全部土砂で埋まったんですが、当時というか、現行法でいくと、道路復旧事業、要するに公共事業で復旧されますが、宅地内土砂は自己責任なんですね。六メートルも積もった土砂を自己責任でどけるというのはほとんど不可能なんですね。自分のところだけ掘ったって、隣のうちからすぐ土砂が流れてくるわけですから全然意味がない。それまでは多少個人ベースで土砂を排除していたんですが、その平成五年のゴールデンウイークの土砂で埋まって、もう完全にこれはギブアップだとあきらめてしまった。あきらめたわけだけれども、じゃ、その土地をどうするのか、捨てるのかどうするのかという議論に発展しまして、私と地元の住民の人とで、何とかこの土地を再生させようということで、要するに、安中三角地帯(85)と通常呼んだんですが、地権者が五〇〇人、世帯数が約三〇〇世帯ありました。

三〇〇世帯のうち、埋まっていたのは約半分強ぐらいです。残りは埋まっていないんですね。で、埋まっていないところを含めて土地を再生させるのに、思い切って全部埋めちゃえと。区域が九〇ヘクタールあるわけですね。九〇ヘクター

(85) 安中三角地帯
雲仙・普賢岳の噴火災害で壊滅的被害を受けた島原市安中地区の水無川と導流堤に挟まれた約九三ヘクタール。約六メートルかさ上げし、宅地約五二〇区画に整備された。

ルあったんですけれども、半分はもう埋まっているので、残り半分ももう埋めちゃえという非常に乱暴な発想に至ったわけです。埋めちゃえといいながら、残っている土地はどうするんだと、個人の土地を。撤去してもらうにはお金を出さないと、要するに移転補償費を出さないと追い出しができないわけです。

そこで、一生懸命考えて、苦肉の策で生み出したのが、土砂をそこの個人の民間の宅地、農地を含めて入れるのに、土捨て場代というのをいただくことにしたんですね。土砂がたくさん出てきますから、その土砂をどんどんそこへ入れちゃう。立米当たり幾らというお金をもらって、そのもらったお金を残っている家の移転補償費に当てようという作戦をとりました。当時の建設省と、ほんとうはいいのかなあなんて言いながら、でも、「しようがないよね」というのでオーケーを出していただいて、平均で六メートル、全部土砂を入れて埋めてしまったんですね。そこで、土砂を入れるに当たって出てきたお金を残っている家に全部お支払いして、全部更地にしてきれいな土地にしてしまったというのが今の話です。

事の発端は、先ほどお話ししたように、土砂がどんどん出てくるので、もう個人の力では排除できないんですね。おっしゃったように自助努力だとか自力でなんて、自力も何もないですね。どうしようもない。結局そういう苦肉の策を使ったんですが、要は、こういうのはたまたまできるんじゃなくて、復興事業制度としてある程度制度化できないかということですね。たまたまそういう埋める土砂が出てくれたからよさそうなものですが、そうでなかったらこれは成立しなかった。ですから、そういうのをある程度復興事業手法ですか、これをメニュー化しないと、今のような制度ではできなかった、復興ができなかったということなんですね。

先ほどの奥尻の方は、このかさ上げ事業は雲仙で実施されたと。「これはいいな」というので、うちでもやろうということで視察に訪れて、手法は違ったんですが、集団移転事業によって宅地造成をする、残土が出た、これを持ってきて、要するに島の中で土を生み出して、それでかさ上げ事業をやったという経緯なんですね。ですから、こういう被災された地域の人が悩まないで、何かいろんな復興事業メニューが生まれてくるとすごくいいのかなという感じがします。

時折出てくる集落再建とか、こういう話ですと、今の現行制度でいくと幾つかありますが、一番典型的なのが防災集団移転の事業でしょう。ただ、これは行政機関が「道路をつくりますよ」とか「港をつくりますよ」ということとは全然違って、「被災した方を救済してあげますよ」というのが基本的なスタンスになっているのですが、支援策としてあるのは、行政は基本的に土地の提供のみですよね。あと、「建物は自分でつくりなさい」、建物をつくるに当たって行政機関が支援するのは「利子補給だけですよ」ということですよね。

ですから、借金できる人はもちろん再建できるけど、借金できない人は、利子補給制度が幾らあったって何にも役に立たない。ですから非常に悩ましいですね。ですから、その辺をいろいろ考えていかないといけないと思うんです。防災集団移転の場合は、特に家が残っている場合、移転補償も一切ない。商業施設も対象にならないですね。非常に私の目から見るとルーズな制度ではあるんですけれど、あまり使えない。ですから、この辺の見直しも要るのかなという感じもしております。

私も、今、たまたま山古志村の住民の方と少しお話をしておるんですが、そういう集団移転なんかの勉強会をやっても、年のころなら皆さん七〇歳ぐらい、どんな利子補給、拡充制度があって、二〇〇万、三〇〇万の上乗せがあったとしても、自分たちが金融機関に行っても「借りれないや」と、はっきり言って。「貸してくれないよ」と。ですから、「利子補給制度があっても無理だよ」と。自分たちは、もとの場所の近くなり何なりに帰って、「とにかく住むところがあればいい」、「住宅があればいい」というのは非常に強い思いなわけですね。ですから、住宅対策というのを、さっきちょっと三宅の件でもお話しました。住宅再建もそうなんですが、例えば公営住宅法の見直しも含めて、幅広の議論をしないとちょっと難しいのかな、という感じを最近持っています。

もうちょっと言えば、今いろいろ住宅関連の支援法の中で居住安定支援制度ができて非常によかったんですが、またまたちょっと複雑になってきているんですね。というのは、例えば支援法の中で、居住安定支援制度という二〇〇万円の支援金がある。これ、二〇〇万円なんですが、三宅の場合(86)は、そこから七〇万円引かれちゃうので一三〇万円しかないですけど。こちらのほうで利子補給だと

(86) 三宅の場合
長期避難世帯に対し、避難指示解除後に帰島する場合必要となる移転費や物品購入・補修に必要な経費を支援（上限七〇万円）するための特例

か何かがありますよと。片や、例えば防災集団移転事業をやると、そっちにも利子補給があるわけですよね。ですから、事業が違って、メニューがかなり共通した似通ったものがいろいろ出てきていて、その辺を賢く使えばそれで済むことではあるんですが、制度的にかなり複雑になってきているんですね。

ご承知のように、災害救助法には住宅の補修、修理があり、仮設住宅があるというようなことで、何か住宅というテーマで制度が三つも四つもあってというのが、もうちょっと住宅そのもの、それをもっと広い概念で一回整理しないといけないのかなという感じが今がしています。

災害ファンドの法制化

【山中】　渋谷さんに聞きたくて非常にうずうずしているんですけれども、それは最後にまとめてということで、政府の方がお一人しかいらっしゃらないものですから。非常に多くの話があって、知恵の集積をしなきゃいけない、これは我々もやらなきゃいけないと思っております。

それから、雲仙普賢岳噴火災害の後に、大塚（敏郎）さんといって、長崎県で頑張られた理事さんがいらっしゃって、いろんなシステムをひねり出されて、被災者支援に頑張られた方がいらっしゃるんですけど、その方があるシンポジウムでお話されたのですが、日本の災害復興制度というか、支援制度というのは、災害の都度に積み重ねられていくんだという話をされたんですね。しかし、その一方で、支援制度は非常に継ぎはぎだらけというのが実情ですね。今、木村さんがご紹介なさったように、非常に各省庁ばらばらに、いろいろ知恵比べのようにつくられている。しかし、その根底には自力再建というものがあって、そこの壁が打ち破れないがために非常に輻輳しているという。この整理というのも当然要るんだろうし、あるいは、もう一層のこと全部棚卸しにして、新しくつくっちゃったほうが早いのかなという思いもしますけれども、この辺の議論は非常に複雑で、それぞれもう少し詰めた形でやっていかなければいけないのかなと思っています。ただ、それにしてもやっぱり最後はお金の問題、それから心の問題、両極の物と心という抽象的なものと二つがこの住まいというものに絡んでくるというふうに思っています。

それで、実は、この出席者の発言要旨の中にはないんですけれども、住宅というのは単に住まうだけのものではなくて、これは鳥取県の片山知事がおっしゃった、住宅再建というのをメニュー化することによって、心のケアにもなるんだというお話がありました。

一方、住宅再建支援は非常にお金がかかる。で、税金だけでは無理だというところから共済が出てきたんですが、先ほどのように、義援金があれば、島原もそうですけれども、、復興基金の中に義援金を取り込む形によって、超法規的なといいますか、現行法では手が届かないところまで助けてもらえる。しかし、この間の福井県のことを悪く言うつもりはないんですけれども、福井県に二億円の小切手(87)が届いた。しかし、それを住民に公平に配っちゃった、一人二万円ずつ。ほとんど災害復興の効果としてはいかがなものかというところもありますよね。これは室崎先生もおっしゃっていますけど、義援金の前倒しというか、そういう意味での災害ファンドみたいなものをつくれないかと。

それはいろんな原資を取り込んで、何かの形で常に、これは大阪大学の本間（正明）先生が特別交付税(88)の一部を積み立ててはどうかという提案もありますけど、自治体はそんなことは嫌だとおっしゃる方が多いので、例えば公営ギャンブルとか宝くじとか赤い羽根とか、いろんな形でファンドをつくっていって、それを大きな災害に遭ったときに活用できないかというようなことを福崎先生が前にちょっとおっしゃっていたような気もするんですが、その辺、いかがでしょうか、何か案は出ますでしょうか。

【福崎】　まず一つは、今度の震災の場合、雲仙普賢岳災害と奥尻の津波災害の後に、日弁連の意見書をつくって、政府に提出したことがあるんですけれども、そのときの二本の柱というのが、実を言うと、「住宅共済」と、もう一つは「基金の法制化」だったんですね。で、基金の法制化を言い出した理由は、まさに長崎県の復興事業を目の当たりに見て、ああ、これは使えるという感じだったんですね。要するに、公的資金を直接使えないために、ワンクッション財団を使って

(87) 二億円
福井豪雨の被災者へ見舞金として二〇〇四年七月、福井県に匿名で贈られてきた二億円の宝くじの当たり券。県は当初、被災の程度に応じて金額に差を付けたり、災害基金として全額を積み立てたりすることも検討したが、「苦しい気持ちはみな同じ。見舞金を一日も早く届けることが大切だ」として、他の義援金を加え、住宅が浸水するなどの被害を受けた約一万四五〇〇世帯に一律二万円ずつ分配した。

(88) 特別交付税の一部積み立て
兵庫県が震災五年を期して実施した震災対策国際検証事業の中で、本間委員が提案したアイデア。被災地に自由な財源が必要との発想から、特別交付税総額から一定額を災害ファンドとして積み立て、全国の自治体でリスクシェアする仕組みをつくってはどうかと提言した。

基金で公的資金を使うという。基金の施策ということで、直接被災者にお金が渡せるというようなシステムなんですけれども、正直なところ、一部税金が入っていますので、それこそ自助努力という原則に反すると私は思っていたんですけれども、いずれにしても、その中にはやっぱり義援金がかなり使われていました。

とにかく災害というのは、それぞれ地域、災害の種類でもそうですけれども、顔が一つ一つ違うというのは間違いない。そのためにも、いろんな施策ができるようにするには、やっぱり基金がベストだろうというのが一つあります。それを全国組織のファンドとして法制化して、災害が、例えば長崎で起きたときには長崎に基金の大方のところを持ち込む。で、次の災害のあったところに、今度は東京にふだん置いている基金を例えば八割方持ち込むとか、そういう形で全国をたらい回しにするような基金の制度(89)を考えてたらどうかというのを日弁連の委員会でつくって出したんです。

しかし、ちょうど災害が一段落したところで、マスコミにも何も一切相手にされない意見書の提出という寂しい思いをした記憶があるんですけれども、そのときにやっぱり、とにかく共済と基金だと。その基金の中には、当然、義援金のことも議論したわけで、それこそ島原の災害と奥尻の災害というのは、これはもう今考えてみたら経済状況が非常によかったんだろうと思いますけれども、いい思いをしているんです。一人頭の金額は先ほど山中さんが言われた金額よりも多分下だと思います。ちょっと高過ぎる数字だと思いますけれども、実際は。平均し

(89) 基金の制度
日本弁護士連合会が一九九四年二月に提案した災害対策基金創設措置法案。財源としては目的税や地方公共団体の起債を想定している。事業として住宅供給や警戒区域の設定に伴う補償などを考えている。

たらそのぐらいになると思うんですが、しかし、とりあえず千数百万のお金が家を再建する人たちに行っているわけですから、奥尻も島原も。

そういう意味では、もう義援金様々なんですけれども、これがその後だめだということになると、こんな不公平な話はないわけで、被災者の間で明らかに不公平だと。これを何とかするためには、やはりふだんからそういう受け皿となる核（基金）が必要であろうというのが僕らの発想だったんです。

しかし、それをやると、一つは、ある災害で義援金を渡したのに、それを全部使えないのはおかしいんじゃないかとか、そういう議論もあるんですが、時系列的な不公平をなくすためには、どうしてもその義援金の受け皿というのは全国規模でつくっておいて、それぞれその義援金を全国の被災地にたらい回しして使っていくという、そういうシステムというのはぜひ必要なんじゃないかなとは思っていますし、将来的には多分そうせざるを得ないんじゃないかなという気がしているんです。

【山中】 ドナー・チョイス(90)でしたか、義援金をこの人だけに渡してほしいとか、この街だけに渡してほしいという仕組みもあるらしいので、それとうまく併用していけばいいかなという気がします。

【宮原】 ちょっといいですか。

(90) ドナー・チョイス
住民が配分対象事業等を選択できる「使途選択募金」のこと。

【山中】　はい、どうぞ。

【宮原】　今、住宅再建がテーマですよね。それで、さっき発言しかけていたことなんですけれども、要するに住宅というのは何なのかということですよね。おそらく「住宅」というものと「住まい」というのは違っていて、法律概念というのは、「住宅」というのは持っているけれども、「住まい」というのは、法的な言葉としてはないんですよね。だから、法律概念になってしまって、住宅というと、家があって、熱さ寒さをしのいで、それから、そこで休むとか、いわゆる衣食住の住の部分。だけど、実際の住まいというのはそうじゃなくて、いわばアイデンティティーにかかわることというか、それぞれの個人個人のあり方に深くかかわってくる、生活に深くかかわってくる、一人一人の身体生理にかかわってくることであるというようなところから出発していくというか、そういうことを制度づくりをするときにも考えていくことが必要なんじゃないかと思いますね。多分、それほどの専門家でなくても、家というものの持っている非常に大きな意味というのは直感的に理解できると思います。

【山中】　基金に話が少し及んだんですけれども、先ほど、長崎さんでしたか、木村さんでしたか、基金が非常に使い勝手、生活のための生業支援等々に役立つのではないかと。少し生業とか生活に話を移していきたいんですけれども、新潟県の基金はこれからということですね。そうすると、長島村長は、山古志あたりではどういうような、例えば基金に対して要望か何かを出していらっしゃいますでしょうか。

共有文化の再生のために

【長島】　お話を伺っていますと非常にうらやましい世界に見えるんですけど、まさに私どもは、特に住宅再建の一部にやっぱり義援金を有効に活用させていただこうという、県のほうに届けられたものを私どもに配分いただいておりますけれども。

と同時に、私どもの村に寄せられたものも、全部生活をつないだり再建をしていくために使わせていただいております。

それと、少し話はそれますけれども、私どもはやはり、県費で、個人とは違いまして、村で独自に、そんなに大きく額を投じるわけではございませんけれども、いわゆる歴史だとか文化だとか、共有するものを後押ししてあげないと、なかなか帰ったときにスムーズに再生できないだろうという予測をしておりまして、文化的なものだとか産業的なものはやっぱり支援をしていこうというところです。少しそんな意図を持って使えるようにということで、今、村でそんなに大きな額を目標としているわけではないんですけれども、とりあえずほとんどの文化的なものが失われたことを考えると、やっぱり心のよりどころとなる歴史、文化をきちんと残していくことが必要だろうと考えております。

そんなところと住宅の再建の問題がうまくかみ合っていくと、そういう地域として、そうすると、地域が再生すると村として再生していくというところにやっぱり使いたいなと思っているんです。

【山中】　ニシキゴイとか闘牛等も基金で再生させようということなんでしょうか。

【長島】　はい。私どもは、直接的になくしたものに対する補償は今のところはできないです。これから復旧するために、帰るために、池や田んぼを直すことは、今、復興支援の中でやっています。それと同時に、その間、どうやって生活を支えていくかということと、やっぱり帰るときに、さっき住宅だと引っ越しの費用だとかがありますけれども、当然やっぱりそこに帰ってきた者に支援をしてあげないと、帰ってからの生活がありますから。

【山中】　わかりました。

少し文化の話もあるんですが、とりあえずは人間の生活ということになると思うんですけれども、皆さんご存じだと思いますが、雲仙普賢岳で食事供与事業(91)というのが行われて、これは旧国土庁の補助金要綱に基づく要綱事業として長崎県が実施したものですけれども、一人一日一〇〇〇円で、これが一年ぐらい支給された。で、現物でもいいし、お金でもいいという形で、ほとんどの方がお金をとられた。一二万円ぐらいですか。それが北海道になると、これは生活支援事業(92)でしたか。これは国は出さずに、道庁の単独事業になったわけですね。それがさらに三宅島になると災害保護特別事業(93)でしたか。何か非常にややこしいタイトルですけれども、要するに、生活保護の水準に満たない収入のところは、その差額分を基金で埋めてあげようという制度ですね。ただし、貯金があったらだめだから、貯金はしばらく預託しなさいと凍結状態にして、擬似的な生活保護の状態をつくり出すという災害保護事業が行われた。ただし、それぞれ各地域によって違うわけですし、三宅島の災害保護は六〇世帯ぐらいですか、利用した方が。わずかですよね。

【木村】　五〇ぐらい。

【山中】　五〇ぐらいですか。非常に少ないという状態ですね。

実は、衆議院の災害特別委員会で東京大学の廣井脩先生がお出になって、やっぱり突然の災害で生活のすべを失った方々が、生活保護にならないと支援を受

(91)　食事供与事業
雲仙普賢岳噴火災害の際、避難で収入の道を断たれた被災者に国と長崎県が食費の名目で一人一日一〇〇〇円、四人家族で月額一二万円を限度に支給した制度。

(92)　生活支援事業
有珠山噴火災害の際に北海道が単独で実施した制度。収入が途絶えた虻田町の被災者に生活支援金として四人家族だと最大月額一五万円が、二〇〇〇年七月一日から二〇〇一年三月末まで支給された。

(93)　災害保護特別事業
長期避難を強いられた三宅島島民を対象に東京都が二〇〇三年二月から〇五年三月末まで実施した支援事業。収入が生活保護基準に準用する基準額に達しない場合、収入額と基準額の差額を月単位で支給する仕組みで、受給する場合は、預貯金（五〇〇万円以下）を都に預託することが条件とされた。

けられないというのはおかしいんじゃないかということで、災害保護という概念を打ち出された。それを何とか制度化できないかという話になっているわけです。この辺についてはどなたにお聞きするのがよろしいんでしょうか。三宅島の方々に少しお伺いしたいんですけれども、むしろ生活支援、それから生業支援も、ほとんど利子補給か融資しかありませんよね。洞爺湖でもそうだったんですが、旅館が営業停止してしまうと、何らほとんど支援がないと。しかも、僕は驚いたのは、除灰、灰をどけますよね。灰を除く作業がずっとまち中を進んできて、旅館の入り口に来たらぴたっと止まるんですね。あとは自力再建の世界で、皆さん、やってくださいと。ところが、一人もお客さんも来なくて収入が途絶えて、従業員も解雇している中で、灰をどけるのさえ公的にはやられないという、これはいかがなものか。特に、三宅でも民宿等をやっていらっしゃる方は、四〇〇〇万、五〇〇〇万という借財の中で帰っていかれる。インターネットの世界で「島魂」(94)と言う三宅島の避難した方々がつくっていらっしゃるホームページがあるんですけど、そこを読んでいますと、五月からですか、観光客受け入れ、それがおかしいというような議論も少し出ているようですけれども、そのあたりを考えられて、どういう支援策、あるいはどういう方策が村の中で議論されていて、どういうことが考えられているか、あるいはどういう手だてがあればほんとうにいいのか、少しお話をしていただけるなら、していただけますでしょうか。

(94)　島魂
二〇〇〇年八月に三宅島の島民有志が立ち上げたホームページ。有珠山噴火災害の際に活躍した情報ボランティアらが支援した。

【村上】　まだそこまで考える余裕がないというのが事実なんですけれども、噴火で、離れた当時に抱えた借財というのが一番の問題でありまして、今後、新規借入につきましては、返済可能な経営計画を立てていけばいいんですけれども、既往の債務に対して、例えば長期的に二〇年、三〇年のスパンで、返せるようになったら返していけるとか、また、そういう多様な考え方をしていただかないと、これから帰って経営をやるについては非常に厳しいということが一つ。

もう一つは、税務上の問題というのも若干あるかと思うんです。今、雑損の控除等、そういったものはあるんですけれども、どうしても今の段階では、平成一二年六月二六日時点という基準日というものがありまして、長期的な災害の場合、四年とか四年五カ月たったときに、それから帰ってやるわけですから、基準日をそこに設けてしまうと、雑損控除についても四年とか五年とかというものなので適用にならないという問題がありまして、せめて戻ったときに雑損控除をしていただければ、これから商売するに当たって、所得だけだと、帰島については今後五年間という控除ができると。そういうところに踏み込んでいただいていると、多少なりともありがたいと思っております。

【山中】　要するに、もう収入がなくなって破産すれば自己破産しかないというような、非常にリアリスティックな議論をなさる方もいらっしゃるんですけれども、例えば企業は民事再生法というのがある。いわゆる借金のモラトリアム、そういうことができないのか。で、また福崎先生に振って申しわけないんですが、被災者再生法のようなものがつくれないか。例えば再生機構みたいなものがあって、借金を一時役場なりが買い上げる。で、それが軌道に乗ってから返してもらうというような仕組み等々を考えられないかというようなアイデアもあるようなんですが、福崎先生、いかがですか。

被災者仕様の個人再生法を創る

【福崎】　これ、思いつきで木村さんに言ったことがあるんですよね。全く思いつきなんですが、これはいいアイデアじゃないかなと思ったりするんですけれども、今の民事再生法の中には大体三つのパターンがありまして、通常の会社は、会社更生法に近い民事再生法、会社の再生法なんですよね。それと、もう一つは、サラリーマンの支援、要するに給与所得者等の個人再生ですけれども、それと、今度はちょっと小っちゃい目の個人の事業者のための小規模個人再生という制度があるんですね。その中にやっぱり被災者仕様を創っていいんじゃないかなと思うわけです。

過去の借金を、例えば今の個人再生法でいけば、八割方カットして、残り二割を三年間で分割で支払うとか、個人再生法の場合には、生き残りのためにかなりいい条件でやらせてもらっているんですね。これをすると、被災者の事業者ですけれども、過去の借金、負債を七割カット、八割カットで五年支払い、一〇年支払いとかということになると、まあ生き残っていけるんです。

ただし、唯一ネックになるのが新規の借り入れができないと、これが一番痛いところなんです。それで、被災者仕様を私が考えたのはそれなんですけれども、災害対策資金に関しては、再生法の適用を受けた事業者であっても貸し付けるわけですね。要するに、新規の借金については災害対策資金、要するに国の対応する借り入れ、それについては、その再生法、要するに最初申し上げました被災事業者も借りられる。ただし、そのためにはきちっとした支払い計画、再生計画を立てるのが必要になっているんですけれども、こういうパターンをつくれば、事業者はどうにかなるのかなと思うんですね。どうにかなる事業者がかなりいるんじゃないかなという気はしています。

それと、もう一つ、昔言っていたことがあるんですけれども、私が関与しましたのがやっぱり噴火災害なものですから、日本は火山がいっぱいあります。しかも、火山のあるところは風光明媚なところばっかりなものですから、旅館、ホテルが多いですよね。ですから、災害の恐れのある地域の旅館、ホテル、要するに同種事業者ですけれども、そういう人たちで共済制度をつくれないか。そういうのを昔ラジオか何かでしゃべったことがあるんですけれども、一部には受けたんですけれども、そのまま音さたなしになってしまったんです。

要するに、同業者共済をきちんとつくって、全国の被災地の、例えば旅館、ホテルに関してはお互いに助け合うという、こういう発想は一つ持ってもいいのではないかなという気はしています。この二つは、奥尻は一部ですが、やっぱり義援金で事業者にかなりのお金が出ているのでかなり助かっているはずなんですけれども、島原はやっぱり事業者はだめだったんですね。ほとんど出どころなしという苦しい思いをしたんですけれども、やっぱり商売人をいかに助けるかということになると、今言ったようなシステムをきちんと検討すべきじゃないかなという気はしているんです。

【金芳】　議論が何か一方的に支援の話の中で住宅の話になっていますけど、神戸の体験でいいますと、今、「自助」、「公助」というのがありましたけど、現行の日本の災害対応の中で、その議論が一番必要だと思うのですが、ただ、私的な部分を全部公的にするとか、あるいは私的な部分で全部することには、ならないのではないかなと思います。

　例えば、生活再建は何かというときに、神戸では「医職住」として、すこし「衣食住」が違うんですけど、医は医療、職は職業、住は住宅と位置づけました。つまり高齢者の医療や福祉の問題、それから職業、やはり経済活動があってこそ生活の復興が成る、それから住宅という形で、バランスをとった復興というのが大切ではないかと考えました。

　そういう意味では、住宅に対する支援制度というのがもちろん今後検討されていくべきだと思うんですけど、住宅そのものが、当然、例えば都市と農村部とは違いますし、果たして、今の都市型の日本の交流の少ない生き方自体がいいのかということも問われている問題なので、今後とも議論をするときには、そういう今の暮らしそのものがいいという前提に立つのではなしに、問題がある中でどうしていくのかというような視点が必要です。今の議論は少し一方的であり、法制度、あるいは経済的な面、確かに重要なんですけど、もっと多くのことがこの災害で問われているんじゃないかなと考えます。

例えば福祉の問題もそうですけど、こうした場で取り上げられることが多いんですけど、都市には今の我々の生き方そのものが問われているというふうに考えますので、そのあたりを詰めた幅広い議論が必要です。これだけ多くの方が来られているんですから、そういう議論もしていってほしいと思います。少し感想を述べて終わります。

必ず山古志村に帰る

【山中】　確かに、そのあたりの文化的というか、我が国の国土づくりまで話を広げないと、ほんとうはなかなか災害というものは考えられないんだろうと僕も思っています。例えば山古志村が四月にはなくなってしまう。で、阪神・淡路大震災の教訓の一つとしては「都市化が災害を深化させる」ということがありました。それから、もともと六五歳以上の方が集落の過半数を超えた場合、限界集落(95)と言って自治機能を失っていく。ということは、それは防災能力も失っていく、復興能力も失っていくということだろうと思うんですけれども、そういう問題も我々は視野に入れて議論をしていかなければいけないというふうには思っています。

ただ、今日の時間ではそこまでの議論をする時間はないのかなというふうに思っていますけれども、確かに平成の大合併をやって、じゃ、例えば島原だったら鐘ケ江さんとか、兵庫県は貝原さんとか、旗振り役の方々が体を張って復興に先陣を切ってこられた。山古志は長島村長がずっとやっていらっしゃるわけですけれども、四月からそれがなくなってしまうと非常に大きなことだと思うんですけれども、そのあたりはいかがなんでしょうか。この間も森長岡市長とお話をしたんですけれども、やっぱり求心力という点では大きいのかなと思うのですが。

【長島】　村民にとって、とりあえず私に対する期待ということを、新しい市になっても何とか長岡市に認めていただいて、私自身はやっぱり復興の中に身を置こうかなというように今思っていますけど。

ただ、ご縁があって、これがやっぱり地域をどんなふうにしていくかということは、やっぱり地域で協力していくべき問題だと思いますから、市の中に入っても、やはり山古志地域はどうやって復興して発展していくかと、まさにその中に

(95)　限界集落
高知大学で地域社会学を教えていた大野晃教授（一九九六年当時）の造語。六五歳以上の人口比率が五〇％を超えた集落のことで、こういった集落は生活共同体としての機能が急速に低下し、やがて消滅するという。

いると思います。

今、お話があったように、ただ住宅だけ再建すればいいという問題ではなくて、では、どんな形で再建をして、これから先、どんな形で復興を遂げていくことが、まさに私ども中山間地として、日本の社会の中でどうやったら貢献できる地域になるのかというのは、この復興の中に大きな費用、心配をいただくわけですから、まさに我々に課せられている課題だなと。いずれは心豊かな日本のふるさととして、日本の国の中で貢献できる地域になりたいぐらい大それた思いがある。必ず山古志に帰る。我々は我々のふるさとを光輝く地域に再建していきたい。今はそんなふうに思っています。

【山中】 では、そろそろ最終ラウンドに入りたいと思います。

先ほど金芳収入役から提起もありましたように、自助、公助とか、そういう仕組みだけの問題ではなくて、もう少し広く災害文化というものを考えるべきではないかという提案ですけれども、それを受けて、まず、出口さんに一言、一言じゃなくて、たくさん話をいただいても結構ですので、少しお願いします。

復興とは何か

【出口】 兵庫県震災復興研究センターの出口俊一です。

よく兵庫県の組織と間違えられるんですが、ＮＧＯです。兵庫県の藤原さんはなかなかお仕事をなされているなと、お話を聞いておりました。私どもは一〇年間、研究チームをつくって、主に調査や政策をまとめて国や自治体に提案してきました。その中で、今日のお話をお聞きしたことに関連して二点申し上げます。

一つは、被災者救済策のあり方と復興基金のあり方についての問題意識。被災者の救済策というのが、先ほど山古志村の長島村長さんも言われたように、スピードが求められていると思うんですね。事態が起きてから短時日で早く救済するということが非常に重要なことではないかということを、私は身にしみてこの阪神大震災後の中で感じました。救済策は迅速性を原則にするべきではないかということで、迅速性を原則にすれば、どうしても公平性との問題が出てくるわけですが、非常時については、やはり公平性ということについては少し横に置いてでも、迅速性、あるいは、これに伴う一律性というのも必要なのではないかと私は思っています。

二〇〇〇年一〇月の鳥取県の施策は、迅速性と一律性をセットに、その地域で復興する、再建する人には、全壊・半壊の違いなしにということで実行されました。私はあの施策を聞いたときにほんとうにびっくりしました。私たちも提起するときには、全壊とか半壊とかいう種別を分けて提起してきたわけですけれども、それを超えてしまったなという印象がありました。ですから、今日は国から渋谷さんもご出席ですけれども、ぜひ国の方でも、公平性だけで議論されているわけではないと思いますが、事態が平時なのか、緊急時なのかということで分けて施策をつくることを考えなければならないのではないかと思っています。公平性を一時棚に上げてでもと、それは暴論だと言われるかもわかりませんけれども、そのように考えています。

それから、現行の災害救助法は主に現物支給で、災害救助法の第二三条(96)の生業資金の給与云々というところが、今では棚上げされていますが、やはり、現物支給だけじゃなくて現金支給というのが、被災者生活再建支援法で一つ風穴があいたわけですから、この現金支給ということを被災者救済策の中できちっと位置づけて、もう少し手厚くする必要があると思います。この間の状況でいえば、各府県がかなり上積みをされている。兵庫県もなさった、あるいは京都府は最高六〇〇万円までですので、こういう問題からいうと、やはり国が再び支援法の改正をしなければならない事態を迎えているのではないかと思います。今日は支援法を改正された渋谷さんがおられるので、ぜひお願いしたい……。引き続き、渋谷さんに内閣府にいていただいたら、もう少し前進するのではないかと思うんですけれども。

また、復興基金の問題も、兵庫県の復興基金は、九〇〇〇億円の原資で一〇年間で約三五〇〇億円の事業が展開できたということで非常に積極的な側面があったと思いますが、これはやはり国のほうで面倒を見ないといけないのではないかなと、国のシステムにしなければいけないのではないかと思います。このことは

(96) 災害救助法二三条
災害救助法は第二三条第一項第七号で「生業に必要な資金、器具又は資料の給与又は貸与」と定めているが、一九九七（平成九）年一月一九日の衆議院予算委員会で、当時の厚生省社会・援護局長が現金支給は実施されたことはない旨、答弁している。また、同法第二三条第二項は都道府県知事が認めた場合は金銭支給もできるとしているが原則現物支給で、過去に金銭支給された例は埋葬料についてのみという。

私たちも何回も議論して、復興基金でするのがいいのか、あるいは税金で直接したらいいのではないかという議論が、まだ詰まっていないところもありますけれども、復興基金で全国展開するんだったら、やっぱりそれも税金で対応するのとほぼ同義だなと私は思います。

国の支援のメニューの中にもっとそういうことを位置づけていただいて、阪神などでやったメニューを国のシステムの中に入れてもらうようにすれば、新潟県の泉田知事さんが復興基金をつくってほしいということで国に陳情されていましたが、災害が起きたらその都度、一県ごとに動かなければならないということではなくて、事前の対策として制度化しておく必要があるのではないかと思います。

二点目、「復興とは何か」ということについて、私、一〇年かかってようやく最近明確になってきました。「救援」、「復旧」、「復興」といろんな段階があると言いますけれども、「単にもとの生活、もとの住宅、これに戻すことまでが復興ではないか」というふうに思うようになりました。「自然災害とは何か」というのはきちっと法律の中に定義がありますが、現在、法律の中に「復興とは何か」という定義がないんですね。今回、関西学院の災害復興制度研究所が、災害復興基本法の制定を視野に入れてまとめられると提案されています。とてもいい機会だと思います。「五年をめどに」と言われています。でも、五年も先ではなくて、もう少し早くできないでしょうか。これだけ専門家の方がおられるので、法律なんかはおそらく、ある方に言わせたらもう数日でできる、元自治省の官僚の方が言われたんですけれども、五年もかからないで、関西学院の先生方、もう少し短時日で災害復興基本法のイメージを出していただいたら、大変ありがたいと思います。私はそういうことに非常に興味・関心を持って、この震災、災害の問題に取り組んでいきたいと考えております。

【山中】 出口さんからかなり挑発的な意見がありましたので、ついでにちょっと予定を変えまして、髙坂先生と荻野先生に少しお話をいただけますか。

地方自治組織の再編

【髙坂】 平時と緊急時に分けて考えるというのは大賛成であります。それをしないといけないことがたくさんある。公平の問題とか平等の問題はもちろん無視はできないですけれども、それを超えて、やはり緊急時にどう動くか。そういう意味では、大学というところはなかなか緊急に迅速に動かないところでありますので、今反省しているところなんですが、例えば対応が遅れますと、人々は一時しのぎの対策を個人レベルで考えるわけです。

例えば阪神・淡路大震災のときですと、県外避難者(97)あるいは被災者という形で問題になった一連の問題がありますけれども、人々は住民票を動かしたり、あるいは動かさないままに、いろいろと転々としながらその場をしのいでいく。

(97) 県外避難者
阪神・淡路大震災で住んでいた町を離れ、兵庫県外で避難生活を送った人たちのこと。ピーク時は五万人とも一〇万人ともいわれ、そのまま県外で定住を余儀なくされた人たちもいる。この反省から東京都は九八年一月策定の「都生活復興マニュアル」で、東京が被災した場合、全被災者の調査を実施し、台帳づくりを進めるとの計画をまとめた。

対策が遅れてしまうと、移動自体が既成事実化していくわけですよね。移動先に、好むと好まざるとにかかわらず生活の根が生えてしまう。そうすると副次的な課題がどんどんどんどん膨れ上がってしまう。そうなるまでに短時日にやってしまうという姿勢が必要なのではないか。そういう意味で緊急時を分けて考えるのは、全くの大賛成であります。

しかしながら、私どもは、迅速にやらないといけないことと、一方では、長い目で見ていく話も必要であるというふうに思っています。今日の会議でもそのためのいろんな具体的なご示唆をいただけたと私は受け止めております。少し話が昔に遡り過ぎで、大き過ぎるじゃないかと思われるかもしれませんけれども、明治以来、近代国家が誕生して、私どもの生活は国家に依存する部分がかなり大きくなった。私はなり過ぎたとも思っているんですね。そのことが国家財政を圧迫してしまう、それでまた依存度を高めるというふうに悪循環を起こしてしまったということが実際にはやはりあるのではないか。私は努力目標として、象徴的に、「現代の入会地」を再建できないかという言い方をしているんです。「入会地」[98]という言い方自体は誤解を生むかもしれませんけれども、現代で国家に全面的に頼るのではない形の自治組織を再組織、再編化していくということであります。

現在、山古志村も実はそうかもしれませんが、市町村合併というのはいろんな経緯で問題になっていて、そこについてだけ自治組織を改めて考えていこうとい

(98) 入会地
ある地域に住んでいる人たちが、一定の主として海や山、森林、原野で、伐木・採草・キノコ狩り、魚介採取などの共同利用を総有的に行うことができる慣習的な権利を入会権といい、入会権が設定された土地のことを入会地（いりあいち）という。

うことが改正された地方自治法で考えられているわけです。そうではなくて、町村合併をしたところであれ、そうじゃないところであれ、地方自治のあり方、特に自治組織のあり方というものを考える時に来ているのではないか。私は、ちょっとした組織的なアイデアもないわけではありませんけれども、ぜひそれを考えたい。ということは、もちろん国家に頼らないで、自助ばかり、あるいは共助ばかりということではありませんけれども、そのバランスをうまくするために私たちが今、百年の計で強化していかなければならないのは地方自治組織の再編であろうと思っております。

それから、もう一つだけ言わせていただきますと、先ほど医職住と大変上手におっしゃったなと思っているんですが、医療とか職業の問題、特に職業の問題を克服できないと、あと長続きがしないんですね。九〇年代以降の日本社会を見てみると、阪神・淡路大震災、もちろん阪神・淡路大震災だけではありませんけれども、それと、加えてバブルの崩壊という二つの事件がかなり後、尾を引いて、そしてホームレスの問題が出てきた。そして今、ホームレスの高どまりという言い方がされております。かなりそれが日常化して、これ以上極端には増えないかもしれないけれども、絶対に減りはしないんじゃないかという危機感が今ある。

そのもとをたどっていけば、全部職業というところにたどり着いてくるわけでして、なぜ職業問題がうまく解決しないのか。事情によっては、前歴をうまく特定できない形で職につきたいという人々もいますが、そのことも含めて私たちは何か工夫をしないといけないのではないか。

いま、関西学院大学は「人類の幸福」という大変大きなキーワードで一つの研究プログラムを追究しているわけですけれども、そのもとにおいて医職住を位置づける、ということも、この機会にぜひやらなければいけないなというふうに思っています。

【山中】　ありがとうございました。

すぐできるのではないかというお話がありましたけれども、荻野先生。

基本法制定のために必要なこと

【荻野】　すぐにできるのかということなんですけれども、今日は、基本法なり新たな復興制度をつくるという話が中心なんですが、あえて違う角度で言わせていただくと、日本の場合は、法律とか制度をつくっても、それがほんとうによかったのか悪かったのかということを評価するシステム(99)がないんですよね。これは別に災害に関する法律だけではなくて、ほんとうにこの法律は有効なのか、今でも本当にいいのかどうか、そのことについて全然考えていないのです。

私は個人的には生活再建支援法ができてよかったと思っているんですが、これがうまく運用されていない。私は水俣の土砂災害(100)に関して調査をしたんです

(99)　政策評価制度
民間の経営効率化の手法を取り入れたもので、米国の地方政府から始まり、一九九〇年代に英米両国政府が導入した。日本でも、三重県など地方自治体が先行し、現在、都道府県の八割が実施している。政府の政策評価法も二〇〇二年に施行されたが、その後「必ずしも有効に機能していない」との指摘も出ている。

(100)　水俣の土砂災害
二〇〇三年七月に水俣市で一九人の犠牲を出した土砂災害。防災部局の初動対応の遅れなどが問題となった。

けれども、水俣ではこういう法律があること自体あまりよく知らないし、知っていても、どうやったらそれが自分たちの役に立つのかということを全然知らない。つまり、法律そのものがいいのか悪いのか、それとも運用が悪いのか、どうやったらその法律を使えるのかということに関しての情報が行きわたっているかどうか、そのあたりが混同されていて、この点を整理する必要があると思います。個人的には私は、この法律に関しては、情報が十分に行きわたっていないということは少し問題なのではないかと思うんです。そういう形で、今まで制定されてきた法律に関して、きちっと今の社会の現状に合っているのかどうかということを評価していく、そういうことがやはり災害復興基本法をつくる上でまず必要なのではないかというふうに思っております。

それで、すぐにできるかどうかという話なんですけれども、やはり幾つか問題があって、一つは、今日、住宅支援のための共済の制度をつくるべきだという話が出ていましたけれども、これに対して、むしろ税金を投入するべきだという意見もあるわけです。それは単に技術的な問題ではなくて、やはり基本的な哲学というか、思想の違いになってくるわけで、果たしてそのどちらがいいのかということについて、つまり共済を進めるほうがいいのか、税金の投入がいいのかということに関して結論が出るのかどうか。おそらく必ず、その一方をとれば、いや、それではだめだという反論が出てくるわけで、それをうまく調整して、そういう対立を超えたところで基本法をつくるというのは、やはりすごく難しいことではないかと思います。

それから、今日のお話をいろいろ伺っていて、やはり個別的な対応事例というのは本当に多様で、おそらく現実というものがそもそも非常に多様なので、制度で想定しているところを常に超えた事態というのが起こってしまうということがあると思うんですね。だから、そういうことを念頭に置きながら、制度なり基本法というものをつくっていく必要があるのではないかというふうに考えています。

そうはいっても、災害は常に起こっていくわけですから、そんなに二〇年も三〇年も、普通の研究ならばそのぐらいはかけてもいいんですが、そんなに長々とやっていくわけにはいかないので、早くつくるに越したことはありません。

コミュニティーとか地域の大切さというふうに言葉で言ってしまうと簡単すぎる感じもするんですけど、今日はお話を伺っていて、本当にその地域を愛して、そこに何かあったときに何とかしたいという思いを持って活動してきた人が、そして今、活動している人がいるということに非常に感銘を受けました。山古志村の長島村長のお話にありましたけれども、今我々があるということは、今までの長い歴史の中で存在しているわけで、それはおそらく文化であろうと。その文化を守っていくということが、地域を愛して地域を守っていくということにつながるんだということが非常に感じられて、深い感銘を受けたのです。おそらく、その地域をつくってきた過去の歴史に対して、もう一度その地域を復興させるということは、おそらくある種の社会的な責任になるのではないかと個人的には思います。そういったところを基本法に入れていけば非常にいいものができるのではないかと考えています。

それから、もう一点、我々がこの復興の問題を考え始めたというのは、日本の社会がやはり成熟社会になってきたことと関係があります。地域を守ろうといっても、その地域にいる人たちだけではもう守れないような状況というのがやはり起こっている。高齢化が起こっているのは農村だけではなく、実は大都市の中でも同じような地域があります。大都市の中心というのは独り暮らしのお年寄りが多いので、そういう事実もあるわけです。ですから、その地域の中だけで復興していく、自立していくということではなくて、外から来た人も何らかの形でうまく参加して、お互い助け合う、そういう仕組みというのを制度的に、あるいは法律的にも考えていく必要があるだろうと思います。そういう意味で、今日、NPOの組織の中で活躍しておられる皆さんが来られてますが、NPOなりNGOが、今後の日本の社会を支えていく上で重要な役割を果たしていくのではないかと考えます。個人的には、今お話ししたような観点から新しい制度を設計していければと考えております。

【山中】　ありがとうございます。

流れからすれば、地域とかつながりとかきずなとかという方へ話を持っていきたいのではありますけれども、ちょっと中間総括で、お待たせしました、渋谷さん、今までお気づきになった点、別に総理大臣のような答弁は要りませんので、よろしくお願いいします。

既存の制度の棚卸しが必要

【渋谷】 今、このポジションにいますけれども、昨年まで二年間、内閣府で防災担当をしておりまして、被災者生活再建支援法の改正、一〇〇万円を二〇〇万円上乗せして三〇〇万円にするというものについて、私がかなり実務的にやらせていただいたということで、こういう場に呼ばれていると思いますけれども、法律改正を担当して思ったのは、意思決定するのは、いい悪いは別として皆東京の人たちですけれども、実は東京の人たちは非常に冷たいんですよ、ものすごく。これは阪神・淡路大震災が起きた年ですら、三カ月もたったら、いつまでこの話をしているのかと言われたという話をきいたことがありますが、大体東京というところはそういうところですね。

三宅島の件も担当していまして、三宅島、やはり帰島、あれだけ皆さん、帰りたがっているのだから、何とかしてという話を幾ら、例えば国会議員の人たちに申し上げても、ほとんど関心がないんですね。他人事ですね。何か我がこととして真剣に考える、そこに困っている人がいたら、みんなでどうやってそれを支えていこうかという人間としての基本的な温かみが、なぜ東京の人に少ないように思えるのかと。ほんとうに池田さん、おっしゃっていましたけど、一度自分らで遭わないとだめなんじゃないかというふうに思える。

孤立無援の状態で、おまけにマスコミも、我々は一生懸命被災者支援法の改正に向けて今後の取り組みをしているということについて、関西の大阪本社の新聞は結構載っけて、いわば住宅本体に入れるべきだという感じでわーっと論陣を張っていただいたんですけれども、東京のほうのはベタ記事なんですね。全く載らないです。

予算要求をしたということは一応画期的なことであるにもかかわらず、制度改正がなされるとか画期的なのに、全く東京の新聞には載らないんですね。ＮＨＫの七時のニュースで大々的に取り上げてくれるとＮＨＫの記者さんはおっしゃってくれたんですけれども、北朝鮮の美女軍団のニュースにかき消されて、全く報道がないという状態なんです。これが現実だということをまずご理解いただくということが先だと思います。

先ほど、「法律の条文はすぐできる」、もうそのときから法律の条文なんていうのはすぐできるんですけれども、要は、それをみんながなるほどなと思って、共感をして、これをやらなきゃいけないと本気で思うかどうか。福祉の世界でフェルトニーズとアスクライブドニーズ(101)という言葉があります。専門家が幾らこうあるべきだということを言っても、それは国民のほんとうのニーズにならない。

(101) フェルトニーズとアスクライブドニーズ
福祉の用語で、フェルトニーズとは、あるサービスの受益者が心からそのサービスを欲していると表明したもの。アスクライブドニーズとは、受益者自身ではなく、他者、しばしば専門家が、こういう場合にはこの程度のサービスを受益者は必要とすると表明したニーズのこと。

フェルトニーズ、国民の人たち一人一人が自分たちのこととして感じるニーズとしてそういうことを思わないといけない。そうするにはどうしたらいいかというところからまず始めないといけないのではないかなというのが、本当に一昨年、一年間ずっと担当していて思ったことです。

そもそもこの問題は政治力で、平成一〇年に前の被災者生活再建支援法ができたときは、市民のパワーが国会にまで届いて、議員立法で、政治の力で一〇〇万円という制度をつくったんです。その後は、自然災害議連(102)という国会議員の偉い先生方がたくさんいて、四年間もいろいろ議論をして、議員立法で直すに至らなかったわけですよ。

議員立法で一〇〇万円の法律をつくったものを、役所が二〇〇万円に議員立法を修正するということは、これは前代未聞であって、本当は政治の力で頑張っていただきたかったところなんですけれども、我々がやるのはやっぱり限界があります。これはどうしても行政を経てやるわけですから限界があります。何度もあきらめようかと思ったことがあったんですけれども、でも、ここであきらめて、いろいろ問題があることは承知しています。いろんな要件の問題があったり、そもそも住宅本体、建設費本体が支援対象じゃないなどといろんな点が指摘されています。

それを百も承知で、ただ、ここで議論があるからやめようというんじゃなくて、とりあえずとにかくつくりたいということで課題があるのを承知でつくった。一

(102) 災害議連
超党派の国会議員で一九九八年一二月一一日に結成された「自然災害から国民を守る国会議員の会」の略称。前身は与党三党(自社さ)の議員有志でつくる「日本を地震から守る国会議員の会」。被災者生活再建支援法の成立などに力を発揮した。

たんつくってしまえば、いろいろ問題が、使い勝手が悪いと言われたら、そうすると、やっぱり直さなきゃいかんとみんな思うだろうと。つくらないと、いつまでも本来こうあるべきだという議論ばっかりああだこうだやって、結局、被災者は救われないということだから、とにかく議論はあってもつくることが先決だと思ってつくりました。

私はそれが役目なので、立法技術を駆使して、ほかの制度とバッティングしないようなうまい形でみんなを説得して今の制度ができ上がっています。従って役所がやれる限りの最大の形が今の制度だと思います。これを直そうと思うと無理だと思うんですね。今の被災者生活再建支援法をパッチワーク的に直してもっといいものにしようということじゃなくて、今必要なのは、既存の制度の棚卸しだと思います。政策評価の基本は制度の棚卸しなんです。

ロバート・ギャプラン先生という、バランス・スコアカード(103)、企業の経営評価の専門家の先生が、まずは目標を掲げて戦略計画をつくる。その上で既存の政策事業を全部棚卸しして、もう一回目標体系に向けて整理し直すことが必要だ、これが戦略だと言っています。今日の資料に、この研究所はオールラウンドじゃなくて、ストラテジックに進めるということで非常に感銘を受けたんですけれども、戦略的に進めるとはどういうことかというと、まず、何が大目標なのか、国民にとって何が大事なことなのかということについてきちんと目標を立てて、合意を得て、それに向かって、今のいろんなパッチワークのような制度をもう一回

(103) バランス・スコアカード
バランス・スコアカードは、一九九二年に、米ハーバード大学のロバート・キャプラン教授らが初めて提唱した企業の業績や経営内容を多面的に評価するための手法。業績評価だけでなく、顧客満足度や顧客維持率などの「顧客の視点」、品質やサイクルタイムなどの「ビジネスプロセスの視点」、従業員の満足度やスキルなどの「学習と成長の視点」と言った三つの視点を含めるのが特徴だ。

棚卸しにするという作業がないと、いろんな問題点は克服できないと思います。災害救助法の問題もそうですし、弔慰金の問題だとか、あるいは事前の減災対策、例えば耐震化を進めることと共済の関係をどうするのかとか、いろんな問題がかかわってきます。

それから、既存の制度は税制とか融資とか、いろんなものがありまして、あるいは生業の支援をどうするのかとか、今日出たいろんな話題は、いずれも全部システムとして個々につぶすんじゃなくて、トータルとして考えていかないと絶対にうまくいかない。パッチワーク的に、今この瞬間に何か改正しろと言われれば、制度改正はできると思いますけれども、それでは根本的な解決にならないので、せっかくこういう研究会ができたのであれば、ぜひそういうものをスピーディーに検討してほしい。

我々も役所として、三宅島の帰島に向けて、三宅島帰島準備プログラム検討会というのを東京都と僕らでつくって、相互程度のいろんな被災者支援とかの過去の実態も全部調べました。それで一生懸命、各省のしりをたたいてやったという経験もありますので、それなりの蓄積は役所にもあると思いますが、ただ、不思議なのは、先ほど政策評価という話がありましたけれども、あまり評価がされていないです。例えば鳥取でも西部地震で片山知事が三〇〇万出したということで、じゃ、その効果は一体どうなのかと鳥取県に聞いても、「いや、そんな資料はありません」と。結局、僕ら財務省に被災者生活再建支援法の改正を制度要求するに当たって、鳥取の支援制度、みんないい制度だと言うけど、当然、何かその後の評価があるんだろうと思って調べたら、ないんですよ。いろいろ調べたら、地域安全学会(104)のどなたかが調べた論文で、アンケートしているのがあって、「三〇〇万はうれしいと思いますか」といったら、「大変うれしい」と。「ちなみに、三〇〇万がなければ、あなたは家を改修しませんでしたか」ときくと、「いや、そんなことはない。家はちゃんと自分で改修した」という。これでは外に持っていけないですよ、これは。事ほどさように基礎資料が不足していて、こうあるべきだとか、今困っている人がいるという、それは非常に言われるんですけれども、既存の制度の本質的にどこが問題なのか、実態はどうなのか、評価してどうなのか、効果はどうなのかというところをもっともっと皆さんのいろんな事例を積み上げて、災害復興研究所さんのほうでトータルでまとめるという作業が、私もできる限りのご協力をさせていただきたいと思いますけれども、必要じゃないかなと思います。

最後に三点だけ。

超えなきゃいけない壁は非常に大きいと思います。それは私がずっと被災者支援法の、根回しという言葉はあまり好きじゃありませんけれども、いろんな国会議員の人たちにご説明をして感じた壁が三つあります。事は財務省の石頭だという、そういう単純な問題じゃないというところがあるんです。

一つは、パターナリズムと私は言っているんですけれども、被災者の方には大

(104) 地域安全学会
生活者の立場から地域社会の安全問題を考え、地域社会の安全性の向上に寄与することを目的として、一九八六年一二月に設立された研究者、技術者、実務家の横断的な学会。自然災害だけでなく、人為的災害も対象としている。

変耳ざわりの悪い言葉だと思いますけれども、現金支給に対する抵抗が非常に大きい。これは、要は現金を渡すと、何かすぐに使っちゃうんじゃないか、本来の目的に使わないんじゃないかという言い方を、ほとんどの人がそう言いますね。だから現物支給なんていかんと。これは財務省が言っているんじゃないですよね。多くの方々がそのように言っています。

この思い込みは大変なもので、いかに市民はあまり熟度が高くなくて、しっかりした行政官が見守ってやらなきゃいけないと。これは行政のパターナリズムというふうに私は呼んでいまして、このパターナリズムは打破されなきゃいけないと思います。そのためには市民の方々が、村井さんがよく使うエンパワーメント(105)という言葉で、市民の方々はこんなに賢いんだと。自分たちに任せてくれればうまくやるぞという文化をぜひつくらなきゃいけないんじゃないか、これは私の今の本業の都市計画でもそうなんですけれども、細かい規制はいろいろあるのに、でかいことですとんと抜けているんですね。細かい建物には規制をかけているくせに、田んぼの中に大ショッピングセンターができることは完全に野放しだと、こういう実態があるんですよ。

これやっぱり個々のすべてを何か事前確定的な制度で公平にやろうとするからいけない。それは絶対に無理があるので、やはりある程度市民の方にお任せをして、その都度その都度、何がいいことかということを皆さんで議論して進めていただくというふうに、今の行政の仕組みをだれがそっちに持っていくかというこ

(105) エンパワーメント
empower は、「力を与える」「権限を持たせる」の意味で、empowerment は「権限委譲・権利拡大」のこと。そこから発展して、「能力開花」の意味でも使われている。

とが、これはまさに皆さん方の問題提起の仕方、この支援制度のここでこういう問題が起きているという、そういう問題以前に、そういう根本的なところが今問われているんだということをぜひ問題提起していただきたいというのが一点。

二点目は、「自助」、「共助」、「公助」という言葉は大嫌いなんですけれども、これは皆さんが使う分にはいいんですけれども、我々行政官が使うと自己責任ということになってしまうので、そこら辺は私は使わないようにしているんですが、この自己責任原則というのはすごい根強いですね。NPOに対する無理解もかなりそういうところから来ていると思いますけれども、何かみんなで自分たちができることをやるんだというところに、そういうところに公共性があるんだという意識がまだまだなくて、国会で、ある総理が、ボランティアの定義とは何ですかと聞かれて、「無償奉仕だ」と。それが総理の答弁なんですね。無償であるということがボランティアの定義だから、したがって、ボランティアとNPOには金はつけちゃいかんのだという、何のロジックなのかわからないですけれども。一生懸命何か人のためにやろうとしているところに公共性があって、それについて必要な経費はみんなで負担しなきゃいけないという思いになぜ至らないのかという、これがやっぱり日本の文化の、非常にこれから皆さんで底上げしていかなきゃいけない部分じゃないかなと思います。

三つ目は、だれの論文というわけじゃないんですが、私は役所に入ってからずっと聞かされてきたことなんですけれども、「大きな公共」と「小さな公共」ということをずっと言われ続けてきて、要は小さな公共、目の前のことは市民には任してもいい、みんなで決めていいと。だけど、「大きな公共」は、これは国が決めるんだと。これって何というんですかね。だれが言ったとかはわからないですけど、霞ケ関と永田町に住んでいる人はそういう思想をかたく持っているんですよ。

よって、大きな公共性は国が決めるんだ、原理原則は国が決めるんだと。何に公共性があるものなのかということは国が決めるんだと。大きな公共性はトップダウンで国が決めて、運用の世界は皆さんで決めてください。だけど、さっきありましたけど、制度をつくっても、実際の運用がだめだったら、結局、その制度が狙った所期の効果を上げないということになります。大きな公共も小さな公共もなくて、やっぱりその地域の人がその時々で自分たちがいいと思ったことをみんなで決めるというのが本来の民主主義だろうと思います。

山古志の村長さんが、災害は災害ごとに違う、人によっても違うと、その通りだと思います。それを何か事前確定的なトップダウンの計画でこうだというふうに決めてしまうのではなくて、大きな目標だけ国のほうで制度を決めて、お金の使い方とかなんかはぜひ市民の方々のほうで、そこは皆さんにお任せをして信頼してと、そういうところが本来皆さんが求めている制度なんじゃないかなと。皆さん方のいろんなニーズを聞いていると、私は、皆さんがおっしゃるのはそういうことじゃないかなと思うんですよ。やはりそれをもっと前に出して、本来の望ましい社会というのはそういう制度なんだと。それに向けてどうしたらいいかということを戦略的に詰めていくということが必要であって、個々の制度の細かいいろんな問題点については、国会で今、被災者生活再建支援法もたまに議論されますけれども、やはり細かい話ばっかりで、私が今言ったようなもっとでかい話をぜひしてほしいなと思います。その辺は皆さん方が専門家だと思いますので、ぜひこの災害復興制度研究所で、三年、五年と言わず、半年ぐらいの作業で、霞ケ関のＤＮＡを変えるような大報告書を出していただければ、私はその伝道師になりますので、よろしくお願いしたいと思います。（拍手）

【山中】　渋谷さんのお話をお聞きしていても、やはり我々研究者だけじゃなしに、市民の力を蓄えていくというか、つながりとかきずなとかが必要なんだなと思いました。

実は、ここにＮＶＮＡＤ(106)ニュースというのがありまして、これは日本災害救援ボランティアネットワークという渥美先生が理事をなさっているところの機関紙なんですよ。ここに新潟へボランティアに行っていらっしゃる戸口京子さんという方が書いていらっしゃるんですが、その中で少し共感したんですけれども、ここに書いていらっしゃるのに、初めて訪れる土地、初めてお会いした方、しかもほんの数分のやりとりの中に共感が生まれていることを実感した。その共感とは、相手の意見に賛同する、思いを共有するという意味に使われる共の字よりも、

(106)　ＮＶＮＡＤ
Nippon Volunteer Network Active in Disaster の略。和名は日本災害救援ボランティアネットワーク。阪神・淡路大震災直後の一九九五年二月に設立されたボランティア組織「西宮ボランティアネットワーク」(ＮＶＮ)が前身。一九九九年四月、兵庫県第一号の一で『特定非営利活動法人』の認証を受け、再出発した。

「響」という字を当てはめた「響感」という文字がぴんとくるように感じられたというふうにありますけれども、これが災害文化の一つの特徴かなというふうに思っています。

ということで、振りは終わりまして、渥美先生、お願いします。

「心の復興」になっているか

【渥美】　ありがとうございます。その戸口京子さんは、山古志の仮設に今日現在も行かせていただいています。それから、私も今晩行かせていただきますけれども、まさに響き合うというのはぴったりだったんですね。それは小千谷市に行ったときの話で、中に書いていることなんですけれども、何か理屈でどうこうというのじゃなくて、チューニングがぴったりくるというか、ほんとうに「響く」としか反応できないようなことを被災地へ行ったときに我々が感じることができた。彼女も西宮で被災した人間です。何かを伝えたくて、それで困ってそういう字を使っているわけですけれども、「響」くという字は「郷」に「音」と書きます。それぞれの音域でそして、それぞれの地域で音を出して響き合ったということでしょうか。

順番を回していただきましたので、私たちの団体も含めて、復興ということを考えたいと思います。今日もいろいろと制度のことが出てきましたけれども、まずは、やっぱり人と人とのつながりの復活だろうというふうにとらえています。心の復興という言い方もできるかもしれない。村井さんのところが協働の協に「りっしんべん」を立てておられるように、協働の働も「りっしんべん」の字を立ててもええのと違うかなと思っているんです。ただこの時、心というのを、一人一人の胸のうちにあるという意味じゃなくて、人と人との間で育むものと考えたい。「心の復興」とは、人と人とのつながりが復興すること。そのときには村長さんがおっしゃったように、「風景の復興」というのも大きな要因だろうと思います。それを制度でということを今日いろいろとお話いただいてきたわけですし、また、ここはそういう研究所なんですが、制度ということを考える場合に、制度は常に動くものと考えたほうがいいように思っています。先ほど継ぎはぎとも言われていましたけど、今申し上げた心の復興になっているのか、制度を常にこういう場を持って再検討していくべきだと思っています。未だ成熟はしていないけれども、そのための幾つかの力もあるように思います。

その一つはボランティアの力ではないでしょうか。そのボランティアは、制度の中へ突っ込んでいって、いろいろと、ここが問題である、あそこが問題であると大変重要な声を上げていけると思います。一方で制度ができれば、制度から落ちる人が必ず、言い方は悪いですけど、制度から漏れる人が必ず出てくる。制度のせいではなくて、制度というものはそんなものだとも言える。だからその制度から外れた人たちに対してどうするのかということが大変重要であり、これをボランティアが見ていくというようなことが、もっと安定してできるような枠組みが必要じゃないかなと思います。

それから、もう一つは、制度が幾らできても全然理解できないということがあります。制度が全体でどうなっているのか、そんなことは日ごろ気にもしていないわけですから、かなりうまく説明してくれないとわからないというところがあります。神戸市さんのところでおっしゃられた生活再建の委員会でも、私はそればかりを言ってきたような気がします。見事な制度ができる。でも、それ、今日、今、仮設へ持っていってわかってもらえるかどうか、どういうふうにそれを説明していったらいいのかということを常にセットで考えないと、制度はできたけれども被災者には何もわからない、ということが起こる。理解力がないんじゃなくて、そういうことを思いもよらないという場合を十分に考えておきたいと思います。

今日は大阪大学からと言っていただいていますので、ちょっと宣伝もさせていただきます。コミュニケーション・デザインセンターというのがこの四月から大阪大学で発足します。例えば医療。医者がやっていることを患者さんにどうやって届けるか、それはなかなか難しいです。間に立つ人が必要だと思います。それから、原子力をはじめとする理科系の科学の知識もそうだろうと思います。そして、災害もいろんな制度ができたりしているけれども、それを現場の人にどう伝えていくか、こういうコミュニケーターに関する研究と教育のために一つのセンターを立ち上げるということをやっております。これからこの研究所と連携してやっていければと思います。

【山中】 今、連携という話が出ましたけれども、阪神大震災以降、民の連携というのが非常に進んだと思っていますけれども、今度の新潟県中越地震、私も現場へ何回か寄せていただきました。官といいますか、行政の連携も非常に進んでいた。これは非常に特徴的だったと思いますね。で、神戸市の収入役の金芳さんがお見えになっているし、きずなのネットワークという提唱をしていらっしゃるので、少しその辺のご紹介をいただきます。

自治体職員によるネットワーク

【金芳】 神戸の災害の教訓のすべてがお役に立つわけではありませんが、被災者としての苦しみ、復興に向けた取り組みというのに変わりはございませんので。

私どもは震災から一〇年、少し震災の風化、職員の間でもそういうことがございますので、これからそうした被災した自治体を支援する、要請を受けてという前提はありますけど、被災の自治体の支援をすることと、神戸からそうしたきずなの翼を広げていきたいという形で、今、神戸の「絆ネットワーク」(107)という作業をしております。当時、震災にかかわった職員が、神戸市全体では三五〇〇

(107) 神戸の「絆ネットワーク」 神戸市が〇五年三月一日付で呼びかけた、最新の被災地支援情報や体験などを共有して、各自治体職員の自立的な活動に結びつけようという自治体職員を対象にした絆づくり。神戸市は震災体験の風化を防ぐため、大災害時にはその経験を発揮する「神戸市職員震災バンク」を二〇〇一年度に設立、各地で起こる災害の被災地に人材を派遣してきた。その経験を全国に広げようと企画、全国に呼びかけることとなった。

人、震災バンクに登録しています。一〇年前のことで、名簿に残っている他都市から神戸市に応援に来ていただいた方が八〇〇〇人おられまして、その方々に呼びかけて、これからそうした「絆ネットワーク」をつくろうとしております。

具体的には、ホームページを立ち上げまして、情報提示をした上で、それぞれの自治体の職員が自立的に支援活動をされる際にお役に立つような形を考えております。これが立ち上がれば、例えば中越の各市町村の皆さんも、それぞれに「絆ネットワーク」をつくっていただいて一緒に情報を共有する形ができないか。中身は今検討中でございまして、最新の震災情報、あるいは、私どもの経験者が震災の語り部として各地に、これは実費だけで各地に出向いてお話をさせていただきますけど、その語り部の派遣でありますとか、やはり経験していないとできないマニュアルというのもございますので、そうしたことを練ってホームページを徐々に充実させながら、被災の自治体の支援のための準備をこれからしていきたい。長い取り組みになると思うんですけど、やはりこれから私ども職員も少しスキルアップが必要です。昔、仮設住宅を担当していたと言っても、今の仮設住宅は改善されており、災害救助の法律そのものも随分変わっています。そうした情報も発信していきたいと思っています。

今回私も行かしていただきましたけど、救急救命、あるいは消火活動、救援物資、避難所の開設、ボランティア対応とか、それこそさまざまな対応を進める中で、今回の新潟の場合は神戸の体験があちこちで生かされていまして、速いスピー

ド で進んでいるなと思いました。ただ、これからは罹災証明(108)の再発行でありますとか、災害給付でありますとか、仮設住宅の運営など、複合的な課題がございます。ただ、暮らし、あるいは経済の復興というのは、それぞれ自治体によって、あるいは被害によって違いますから、取り組みの流れはお話しできたとしても、それはまた違うかも知れません。

これまで職員が現地で何回も余震を受けながら一週間ずつ交代で支援活動をしていましたが、例えば罹災証明を出しますけど、一〇%から一五%は再調査が出てきますと指摘したら、その数字どおりになってきたり、また、当面の被災者のために必要な資金は工面する必要があります。こうした神戸の体験の言葉が皆さん方の歩みを少しでも支えることにもなりますので、今後とも私どもとしては、被災地の責任といいますか、神戸の使命だと思っていますので、今までいただいたご支援を忘れないように、今後とも取り組んでまいりたいと思っています。

【山中】ぜひ、神戸市さんの取り組みを我々も勉強させていただきたいというふうに思っています。

では、民と官のつながりとか、きずなとか、地域のつながりとかというお話が出ました。その辺をまとめて矢守先生、少しお話をいただけますでしょうか。

(108) 罹災証明
罹災証明書は地方自治法第二条第二号、第八号に基づき、各市町村が発行する。損害保険の支払い請求や融資を受ける際の証明になる。阪神・淡路大震災では税や各種料金の減免、仮説住宅の入居にも使われた。

「つながり」と「つながり感」

【矢守】　京都大学の防災研究所の矢守と申します。隣の渥美先生が全く同じ大学で心理学を、同級生で勉強しまして、二五年前にも机を並べていました。

私自身は、防災を心理学という立場から研究する者です。それから、もう一つは、ご案内の文に少し書いていただいていますように、神戸の被災者の方と語り部グループをしています。もう早いもので六年目になるんだなとさっき思っていたんですが、今、ちょうど名称が変わりまして、「グループ一一七」というふうにご案内いただいているんですけど、「語り部ＫＯＢＥ一九九五」という名前になりました。今日は、山中さん、あるいはほかの参加者の皆様からキーワードとして何度も言葉が出ております「つながり」、あるいは、「きずな」ということについて感じましたことを二つほどお話しさせていただこうと思います。

昨年一二月一七日に、山中さんが朝日新聞の紙上でコラム(109)を一つ書いておられます。『つながり』芽生えた」という見出しが書いてあるコラムで、そこに私のコメントを少し引用していただいているんです。そこで私は、語り部活動を通じての感想の一つとして、一人一人の被災者にとっての復興とは、「つながり感」をどれだけ持てるかだと話しています。ここで私自身がこだわっていますのは、「つながり」ということと「つながり感」ということとは、似ているようで違うということです。今日は、二つのエピソードを通してこのことについてお話しさせていただこうと思っています。

---

(109) コラム

「つながり」芽生えた

編集委員・山中茂樹

阪神大震災の被災自治体の復興計画は、今年度であらかた終了する。六〇〇〇を超す墓標に誓った「復興」への決意を、さらに未来にどうつないでいくのか、新たな羅針盤が今求められている。

兵庫県が復興のレベルをはかる指標とするのは、六分野一五三項目。それによると、被災地人口は〇一年に回復したものの、被災市町の総生産は依然、震災前の九割にとどまっている。

県民からの震災に関連した相談件数は九五年度の約四万三〇〇〇件に対し、〇三年度は四四八件と約一〇〇分の一にまで減った。兵庫県への帰郷を希望する県外避難者の数も今年三月現在二九六人。九九年度調査の一五四〇人に対し、二割を切った。

そもそも「復興」とはどんな状

物理的につながりがあればつながり感も高まる、これは普通のことなんですけれども、被災地でいろいろ活動している中で感じますのは、その関係がねじれていくこともあるんですね。例えば、心理的なつながり感というのはないんだけれども、実は客観的につながりが確保されている、つながり感はないけれどもつながりはあるという場合になります。逆に、つながりはないんだけれどもつながり感はきっちりあるということになります。つまり、物理的な交流とか手助けの関係はなくても、つながり感は得られているという場合もあるように思います。

それぞれ一つずつ例をお話しして終わりたいと思います。最初は、語り部グループの例を一つお話ししたいと思うんです。これは浅井さんという女性で、当時一一歳、小学校五年生の亜希子さん[110]という娘さんをなくされた方です。この方は語り部活動をされる中で、いつも最後に亜希子さんの言葉を引用されて語りを終わられます。亜希子さんというのは、自宅の下敷きになりまして、三週間の闘病の後に亡くなっておられるんですね。その間、お母さんはずっと看病されておられるわけです。今から思えば、最後になってしまった手術に向かわれる前に、そのお母さんに言われた言葉というのがあります。それは、「お母さん、泣いたらあかん。私、大丈夫やから」という言葉です。これがほんとうに最期の言葉になったわけです。

このお母さん、浅井さんは、もちろん亜希子さんは亡くなっているわけですから、今一緒に何か活動をしたりとか手助けしたりという意味でのつながりはあり

態を指すのか、法律には定義がない。

京都大学防災研究所の矢守克也・助教授は「一人ひとりにとっての復興とは『つながり感』をどれだけもてるかだ」と話す。「つながり」とは、地域やサークルとのつながりだけでなく、未来や、だれか見えないが自分の思いや志を受け止めてくれる人とのつながりもある、という。

震災翌年にはNPOが「被災者責任」という言葉を掲げた。被災地の体験を全国へ、次世代へ伝えようとの宣言だった。いま震災の遺族や語り部たちが、新潟県中越地震や福井豪雨の被災地を訪ね、震災の体験を語り、励ます行脚を始めている。

被災地の羅針盤は新たな地平をしっかりと見据えているようだ。

（二〇〇四年一二月一七日『朝日新聞』朝刊）

ません。しかし、皆さんおわかりのように、ここには太い一本のつながり感というものがあるでしょう。また、浅井さんがなぜこのことを語り部として語っておられるかというと、今すぐ目に見えるつながりはなくても、私が話すこの話、あるいはこの思いに共鳴をしてくれる人が、十年後、百年後、千年後にきっといるはずだという確信があるからだと思うんですね。これが浅井さんのつながり感を生んでいるように思います。つまり、物理的なつながりの関係はなくてもつながり感が維持される、あるいははぐくまれる場合があるということですね。

それから、もう一つの例は、今日話題になっております制度とか仕組みということと関係があります。非常に抽象化していうと、保険とか共済とかいう制度や仕組みというのは、つながり感が必ずしもなくても、結果的につながりを社会的に担保する仕組みだと言えると思います。例えば、私がミスを犯して人様の車を傷つけた場合に、親友の渥美先生はきっと、「かわいそうやな、三〇〇万円やるわ」というふうに、お金をくれるという可能性もございます。これは物理的なつながりです。しかし、普通はそうではなくて、保険というもので私の修理代、あるいは先方に対する修理費は賄われることが多いわけです。その場合、修理代を払ってくれた方と私との間に熱い熱い思いに基づくつながり感はもちろんありません。しかし、保険や共済という制度が目に見えない人、しかも、過去の人と、将来生まれるかもしれない被災者との間のつながりを担保している。つまり、これはおそらく浅井さんの例とは反対に、必ずしもつながり感という心理的なバッ

（110）亜希子

西灘小学校／時計
神戸市灘区船寺通三の四の一

一九九九年一二月、震災で自宅の下敷きになり、二四日後に死亡した浅井亜希子さん（当時一一歳）をしのぶソーラー時計が設置された。母鈴子さんが「娘の生きたあかしを残したい」と寄贈した。

家族五人が住む自宅は全壊した。亜希子さんは八時間後に救出されたが、壊れた筋肉から出る毒素による「クラッシュ症候群」に侵されていた。震災二日後に手術。その直前、亜希子さんは鈴子さんの首を抱いて言った。「お母さん、泣いたらあかんで。私、大丈夫やから」。それが最期の言葉だった。亜希子さんの容体は悪化し、二月一〇日に亡くなった。

浅井さん一家はその後、須磨区に転居した。どの路地でも娘の歩く姿が浮かぶ元の街は耐えられなかっ

クアップがなくても、制度や仕組みを整えることで、災害に対する強いつながりを社会的に構築していくこともできるという例になっていると思います。

ただ、その保険や制度の場合は、さっき渥美先生も言われたように、それが形骸化してしまうこともあります。あるいは、さっきもご指摘がありましたように、地震で家が壊れたのではなくて、さらにそこに雪が積もったことで壊れるというような新しい事例が生まれます。ですから、そういったつながりを保障する制度も、常につながり感のところに戻りながらチェックをしていくということが必要じゃないかなと思います。長くなって申しわけなかったんですけれども、「つながり」と「つながり感」について、ちょっと感じましたことを話をさせていただきました。ぜひこういった側面から、皆様方の、それから、新しく立ち上がる研究所で研究及び実践が進むことをほんとうに心から期待しております。

【山中】そのつながりを身をもって実践していらっしゃる栃木の矢野さん、お願いします。

制度活用・制度作り能力を活性化する

【矢野】栃木から来ました、とちぎボランティアネットワーク(11)の矢野と申します。

た。九九年二月、同級生が近くの高校へ受験に来たのを見かけた。成長した亜希子さんの姿が重なり、「お母さん、お別れした後、私に何をしてくれたの」という声が聞こえた気がした。

鈴子さんは同月下旬、学校を訪れ、モニュメントを設置させてくれるよう依頼。「震災を伝えるために」と承諾した学校側と相談した結果、子供たちがいつまでも眺められるソーラー時計を学校東側の花壇に置くことになった。時計は高さ三メートル。台座のプレートには「あの子は天使です」という鈴子さんの言葉も刻まれた。

資金は、鈴子さんの負担に加え、参加している遺族のセルフ・ケアグループ「あじさいの会」（神戸市）が「多くの人と思いを分かち合いたい」と募金活動し、教職員や同級生、地域の人々が寄付した。懐かしい場所に帰った「アッコちゃん」の時計は、かれんな花々に囲まれながら、今は中越地震の救援活動で「災害ボランティアオールとちぎ」を立ち上げ、その事務局をしております。スタッフは現在も川口町に入り「越冬隊」をやっています。

つながりということですが、実は私たちの団体の設立は阪神・淡路大震災がきっかけでできました。栃木からこっち（神戸）に人を送り込む、ボランティアの派遣を市民活動としてやりました。その時の栃木でのネットワークを組織化したのがとちぎボランティアネットワークの原型です。

この一〇年いろんな災害救援活動をやっていますが、実は、私たちだけが災害救援をいくらやっても栃木の人たちは何も（災害・防災を）理解できないんですね。というのは「災害は日常と別だ」という感覚がものすごく強いからです。災害救援活動だけでは、結局は自分たちの防災や地域づくりにはほとんどつながらない。栃木の住民にとっては「栃木のボランティアがたまたま行って、活動してきた」、そのことを「新聞で知った」いうことです。それではだめなんです。「災害という非日常をどういうふうに日常にするのか」が最大のテーマだと思っています。

私がボランティアの講座などで、「ＤＶの被害者の女性」と「障害者で人工呼吸器のたんの吸引をしなければならない介護者のお母さん」と「中越地震の避難所の人」の似ていること、共通することは何か？　という質問をします。答えは「この三人とも夜、畳の上で寝られない」こと。

子供たちや多くの人々のために時を刻んでいる。（非営利活動法人阪神・淡路大震災「一・一七希望の灯り」のホームページ HANDS 一・一七希望の灯り」から）

(111) **とちぎボランティアネットワーク**　略称・とちぎＶネット。阪神・淡路大震災のとき、栃木県内で福祉ボランティア活動などをしていた三人が、被災地の障害者団体からの要請を受け、被災地へ「市民によるボランティアの募集・派遣」を開始したのが始まり。北関東を襲った「平成一〇年八月末豪雨」災害では「那須町ボランティアセンター」を設立、延べ五〇〇〇人のボランティアをコーディネートした。

いつ夫からの暴力を振るわれるかと怯えている女性は、すぐに逃げ出せるように服を着たまま寝ています。障害児の人工呼吸器の介護の人も数十分おきに痰の吸引をしなければならないためベッドサイドに寝ています。災害の避難者も同じ。着替えもままならない、落ちついて寝られない。

「では、あなたにはそういう状態の時はないのか……」。

自分の身近なボランティア的なテーマと「災害」を結びつけ、トランスレーション（翻訳）していくような機関や組織が、ある一定の地域にないといけない。そうしたNGO、NPOが、日常と非日常のつながりについて、普通のボランティアの場面で地元の人に伝えていく。そうでなければ災害が起こってもいつも他人事で、栃木の人たちは「新潟に行ってやろうと」いうふうには思わないのではないか。こうした翻訳作業を私たちはやらなければいけないと思います。

また、制度は、「あるだけ」では充分ではない。今の制度の使い方は、「専門家のお医者さんに症状を言うと薬の処方せんを書いてくれ、それを専門家の薬屋さんにもって行くと薬が出てきた」みたいな感じですね。制度の専門家にお任せではなく、もう一歩、制度の使い方もできる素人がたくさん育たないといけない、さらに制度を作る人にもなれる能力を私たち素人が身につける、そんな必要があると思います。

そういう意味で「文化」なのですが、ボランティアしながら「自分がそのときになったらどういうふうに動いたらいいんだろうか」ということを日常から文化として体の中にしみつけないと、普段の地域の課題解決も、災害時の地域の自立や、生活復興も、ちょっと難しいと思います。

特にそれを感じるのは、いつも災害救援で避難所に行くと「おにぎり」が出てきています。それを避難者は食べている。「私だったらどうするか」といつも思います。避難所をいっぱい見ていますから、ノウハウはあります。

私なら「四升がまを一〇個持ってきてくれ。米も持ってきて、プロパンを持ってきてくれ」といいます。「あとは自分たちで炊くから」。あとは「おかずだけ持ってきてください」と言えばいいんですね。でも現実は一〇年間、相変わらず冷たい「おにぎり配給」をやり続けているんです。なぜか？

たぶん「自分の所だけが安心・安全であればいい」というような文化があり、自分が「あのような」キケンな状態になる、とは想定していない〔安心幻想〕があるのだと思います。考えていないから、避難所の担当者はいざ自分の所が被災すると「避難所の食事＝おにぎり」という、昔、見たイメージを条件反射的に繰り返してしまうのだと思います。また、そのことを日常的に感じる能力が身についていないとも思います。例えばボランティアなどで身の周りの障害者や福祉、介護、ＤＶだとか、そういう問題に取り組んでいれば、類推する力も身についてますが……。

ということは、制度をどれだけ作っていっても、先ほどの「つながり感」のようなものができないことには、また新しい制度を「専門家と誰かが考えるだけ」

のような気がします。

今、私たちは実際に向こうに行って被災者の「制度活用・制度作り能力」を活性化するというような活動をやっています。例えば、中越の被災地の人たちに対して、過去の被災地の神戸や日本国中の被災地で活動した専門家などを連れていき、コーチ役をやってもらっています。

これは、今は地元の人はわからないかもしれないけど「あのとき、あの専門家から聞いたよな」というのが、半年後か一年後かにその人たちから出てきて、活性化して、自分たちの中で自分たち自身がボランティアしていく動きが出ることを期待してやっています。自分たちは被災者だけれども「自分だけが大変」じゃない、「自分もほかの人も大変だよ」と被災者自身が気づき、実践していかないと、おそらく被災地の復興はうまくいかないだろうなと思うからです。

そのような「自分たちで頑張ること」の応援を、どう他所の地域の人がやるのか。そういう支援の仕方が必要かなと思います。

その意味では、国内でロジスティックができるようなレベルのＮＧＯ・ＮＰＯというのはおそらくまだ日本にはない。

今は、（過渡的に）地域の資源をかき集めて災害ボランティアセンターという形で〔ロジスティックス〕をやっていますが、これだけでは全然足りないと思います。そうではなくて、兵站（へいたん）の部分の人もお金も全部集められる、そして、それを向こうに行って、今度はセツルメントみたいな形で地域の中に入っていき、その展開もできるというレベルの団体、そして専門家もその地域に入って、個々の計画（制度作り）が行われている部分を、一緒に住民と作れるというレベルの団体が育つ。そのようなことが必要だと思います。

それから、金子さんもおっしゃっていましたが、そのための市民社会のベースの部分をどうするかというのがあるのではないかと思います。

【山中】 ほんとうはもっと、明日一日ぐらいやれば、もっと聞きたいことが山ほどあるんですけれども、そろそろ時間がオーバーしましたので、議長団にマイクを返しまして、締めに入ってもらいます。

まとめ

【村井】「つながり」とか「きずな」ということで締めろということなんですが、この会が開かれる経緯をしゃべろと言われていたけど、もうやめます。

それで、二つのことを言いたいんですが、一つは、「医職住」というのがキーワードになっていますけれど、そういう意味では、金子さんが最初に言われた、我々がやらないといけないのは市民社会の成熟という民意の向上です。民意の意というのが「い・しょく・じゅう」の「い」です。「しょく」は職業とか生業というような話、食うこと。食うことをどう考えるのか。食べるものも含めての食うです。「じゅう」とは、恐怖と欠乏からの自由です。「意食自由」というのをこれから我々がつくり出さないといけないだろうと思っています。

災害が続いているけれども、いわゆる高齢者とか障害者の人たちに被害が集中しているということは少しも変わっていないのですね。日常で、例えば二十四時間介護の必要な障害者というのは、地域で一緒に生きているわけです。このことを身近に考えて、この人たちが恐怖を感じないような暮らしでなければいけないということだと思います。これは難しいことかもしれないけれども、目指すということが大事だと思います。

もう一点は、防災教育、これを徹底してやらないといけないだろうと思います。私は、一〇年目の企画で一月八日に催された「子供ぼうさい甲子園」(112)の審査員の一人になったのですが、情けないことに、一〇年間小学校や中学校でこれだけのすばらしい取り組みがあったということを知らなかったのです。審査員をしたことによってそのことがわかった。その中で一つだけ伝えたいのですが、被災地の中央区の渚中学校でカーニバルのミュージカル(113)をつくっている。そのミュージカルに、当時被災した子供たちが中学生になって登場してきます。自分たち自身が被災して、非常に傷を受け、トラウマを持っているのですが、みずか

(112) 子供ぼうさい甲子園

学校や地域で防災教育に取り組んでいる子どもたちを顕彰する毎日新聞の取り組み。朝日新聞には「ぼうさい探検隊マップコンクール」の取り組みがある。

(113) 渚中学校のミュージカル

神戸東部新都心「HAT神戸」の一画にある神戸市立渚中学校の音楽担当教諭、田中久美子さんが、震災一〇年を機に自ら脚本と音楽を手がけ、阪神大震災をテーマにしたミュージカルをつくった。タイトルは「両親への手紙」。震災で両親を失った中学生が主人公。一五歳の誕生日を前に、震災を知らない周囲の友人とのあつれきや進路に悩みながら、震災当時の友人と再会し、前向きに生きようと決意する筋立てだ。選択科目で音楽を選んだ三年生二〇人が、〇四年六月から練習を重ね、同一〇月に同校で開かれた文化祭で披露した。

ら演じることで乗り越えていくわけです。

そのことを通して防災教育につなげていく。こういうことが、今まで私たち大人が話していることを、子供なりに子供に通訳して、子供がどういうふうに受けとめてくれるかということをやらなければ、これは千年、二千年はつなげられないというふうに思っています。このことをみんなで努力していけばきっとできるだろうと。

もう一つは、防災教育の中に「文化の継承」ということがあります。時間があれば最後に一言、山古志の村長に言ってほしいのですが、山古志では、何かみんなの共通のものとして地蔵さんをつくって、これをつくるんだということを希望を見出すものにしようとしておられると思います。地蔵さんは、政府や行政から金をもらってだれも管理していない。自治会で金を集めてやっていて、地域の人で管理しています。これが自治の基本だと思います。『掘るまいか』というすばらしい映画がありますけれども、これもとてもじゃないけど想像もできない、二度と挑戦もできないぐらいの自治ですけれども、それに近づけるようなことが文化の継承として必要だなと思います。

済みません、もう一点だけ。

スマトラ沖の支援に対して日本政府は五億ドル、五〇〇億円を拠出して、みんなびっくりしている。たった五〇〇億円ですよ。一億人の人口だから、一回だけ五〇〇円出したら五〇〇億円になります。この理論はだれでも言うけれども、できたことがないのです。一億人がいて五〇〇〇億円だったら、一人五〇〇〇円出したら、たった一回だけです。毎週出せと、これを僕らの力でしなければ、おそらく今日話していることはなかなか実現しないだろうという気もします。

被災者責任としてやるべきこと

【池田】 事前に、私には、「被災者責任」ということについて一言言えということですけど、被災者責任というのは、私が、阪神大震災から一年ぐらいたった後に、それこそ有志が集まって、一〇人ぐらいプライベートな勉強会を持って、今、皆さんからいろいろ共済だとか基金だとかって出ていた、そういう制度をちょっと勉強しようかという人たちで始まった会がありました。その会の「会報ぐらい刷ろうよ」ということで、ほかの人にも読んでもらおう、自分たちのつたない勉強の成果を、「これでいいですか」とみんなに見てもらうためにも会報をつくったんですけど、その会報の第一号の巻頭記に被災者責任という言葉が出てきて、これがオリジナルなんだそうです。

そこにはどんなことが書いてあったかというと、あまり詳しく言うと時間が、これは山中さんが書かれた本(114)の中に詳しく書いてありますので、とにかく飽きられない形で、東京の人たち、冷たいから、大変だったねとやさしく声をかけてくれたときに、調子に乗って、いや、実は家がこうこうで、まだ全然復興して

(114) 山中茂樹の本『震災とメディア—復興報道の視点』(世界思想社)

いなくてなんて言うと、みんな東京の人たちは顔をしかめて、まだあなたたちはそんなことを言っているのか、というふうに言われるけれども、そこでひるんだらあかんと。みずからのためでありながら、将来のあんたたちのためでもあるんだから、しつこく自分たちの体験をわかりやすい形で、みんなにわかってもらえる形で伝えていかなきゃいけない。それが被災した者の責任であると、何かむちゃ格好いい話で、そんなことをこっちもうっかり書いたんですけれども、それがちゃんと実践できているかどうか、甚だ疑問ですね。

今日、皆さんのお話を聞いて、まず一つ思ったのは、やっぱり今、現在進行形の災害の現場に対して、やはり我々はきちっと発言をすべきだ。立派な復興法制度を五年後につくる、これがやっぱり大事なことなんですけど、これはもう一生懸命、真剣に多くの人の知恵と過去の経験を蓄積させた上でやるしかないんでしょうけれども、阪神のときに、法律問題云々よりも、実質的に同等な措置が我々にも返ってくるぞという期待がどこかにないと「エネルギー」にならなかったという記憶があります。

そういうことを言っちゃだめよとみんなに言われたので、兵庫県の関係者はあんまり、七、八年前から遡及適用とか何とかということは言わなくなりましたけれども、やはり先に被災した者としては、例えば三宅島、例えば中越の皆さんに対して、他の全国の人たちに今の災害復興のあり方が不十分じゃないのか、もっとこういうことが、短期的にはこういうことができるんじゃないかというのをしつこく言い続けるという被災者責任が我々にはあるんだろうなというふうに、今日の感想として思いました。

ステートメント発表

【宮原】 今日はほんとうにいろんな意味で共感させられて、また、非常に刺激を受けた集会にすることができました。少なくとも私自身、今の最後の最後までずっと考えさせられて、また、非常に深く共感させられる面も多々ありました。特に感じましたのは、やはり自分の住んでいる町とか村とか地域がほんとうに好きで、それもほんとうにプライドを持っていて、誇りを持って、その文化、先ほどの文化の継承ということになると思いますが、本当に好きで、それを残していって、災害があったら復興させていきたいというコミュニティーというか、地域、町、村があるというところが極めて重要なことで、その声にじかに触れることができたのは大変幸せなことであったと思います。これを極端に言ってしまいますと、もういろいろ小賢しいことを考えるよりも、とにかくそういうプライド、みんながプライドを持っているようなコミュニティーをつくっているということ自体が最高の「防災力」といいますか、将来的な復興の力にもなるのであろうと思いますし、また、それをエンカレッジして助けるためにこそ、こういう制度の問題というのを上手につくっていく必要があると思います。

それで、もう一つ頭に浮かんだのは、僕は最近、成熟社会という言葉にすごくひっかかるんですが、何かもう成長しないとか、もう若くないとか、もう右肩上がりの時代は終わったとか、市場が飽和したとか言うわけですよ。何か後ろ向きなんですね。それはやっぱり経済のマーケットのほうの言葉をかりてきているからであって、普通常識的に考えたら個人の成熟と言いますよね。人が成熟していくということはどういうことかというと、一つ確実に言えるのは、やっぱり自分だけのことを考えないで、平凡な言い方ですけど、周りの人のことにちゃんと思いをやれるかということだと思うんですよね。それができた人が成熟した人だというふうに断言できると思います。

同じように考えると、成熟した社会とは何かというと、困っている人がいたら手を差し伸べて、過剰な形ではなくて、良質な形での思いやりを持てる社会というのが成熟した社会なんだろうなと思うんですね。そういう意味で、いろいろお話をお聞きしても、まだ日本は成熟していないなという気がするんですね。だから、そういう意味で社会を成熟させていくということをぜひ考えたいと思いますし、そのために復興の問題というのは非常にキーなんじゃないかなというふうに思うんです。つまり、復旧というのはある意味でわかりやすいわけです。ライフラインの復旧などは現代生活では、当然期待されることなわけです。ところが、復興ということはまだ法的概念になっていないということもありますし、前向きに正面から復興ということを考えて、問題点を洗って、我々、この関学の研究所としてはストラテジックということで復興基本法というのを掲げていますけれども、それは現在のところ仮称でありまして、根本精神は「人間復興の視点からよりよい法制度を考えていこう」ということでありますので、そういうことも含めて、それから、特に先ほどから出ていますように「つながり」ということもありますが、ここに集まっていただいた我々自身が一つのつながりを持って、ネットワークをつくって、緩やかな形で、しかしダイナミックに連帯していきたいというふうに考えます。

それで、最後になりますが、我々三人の議長の方で、大体こういうところであろうということでステートメントというのを事前に相談して用意してみました。ゆっくり読み上げますので、もし異論とかがございましたら即座に言っていただければと思います。別にそれほど大げさなものでもありませんので、ゆっくり読み上げさせていただきます。

議長団ステートメント

全国被災地からの有志及び志ある仲間たちが一堂に会したこの交流集会において、私たちは以下の共通認識を確認します。

一つ、現行の災害復興支援システムの問題点を徹底的に洗い出し、「人間復興」の視点から、よりよい法制度を立案していくことが必要である。

一つ、本日の交流集会参加者を中心に、よりよい災害復興支援システムづくりを目指す「全国被災地ネットワーク」を設立する。「全国被災地ネットワーク」は、多くの中心を持つ緩やかな組織であり、被災地の体験を共有し、再生への知恵をはぐくみながら、ダイナミックに連帯していく。

一つ、関西学院大学災害復興制度研究所は、会報やメールマガジンの発行などを通じて、「全国被災地ネットワーク」における意見交換と情報集積及び社会的発信を支援するための場を提供していく。

二〇〇五年一二月一二日

関西学院大学災害復興制度研究所所長　宮原　浩二郎
被災地ＮＧＯ恊働センター代表　村井　雅清
都市生活コミュニティーセンター事務局長　池田　啓一

という形でステートメントを用意させていただきました。よろしいでしょうか。
（拍手）どうもありがとうございます。

【山中】　どうも長い間ありがとうございました。
本来なら、これだけのメンバーをそろえたら、もう少し長い時間を用意すべきであっただろうと私は今反省しております。

〈了〉

■阪神・淡路大震災後の災害と対策（年表）

一九九五年	一月一七日	阪神大震災
一九九七年	一月　二日	ロシアのタンカーが日本海で沈没。大量の重油が日本海沿岸へ
一九九八年	四月　一日	内閣危機管理監新設
	五月一五日	被災者生活再建支援法成立
一九九九年	八月一七日	トルコで大地震
	九月二一日	台湾大地震
二〇〇〇年	三月三一日	有珠山噴火
	六月二七日	三宅島噴火
	九月　一日	三宅島に全島避難指示
	一一～一二日	東海豪雨
	一〇月　六日	鳥取県西部地震
二〇〇一年	三月一四日	中央防災会議に東海地震に関する専門調査会が発足
	二四日	芸予地震
	一〇月　三日	中央防災会議に東南海・南海地震等に関する専門調査会が発足
二〇〇二年	四月二一日	阪神・淡路大震災記念「人と防災未来センター」、神戸に開館
二〇〇三年	五月二六日	三陸南地震
	七月二五日	東南海・南海地震防災対策特別措置法施行
	二六日	宮城県北部地震
	九月二六日	十勝沖地震
	一二月二六日	イラン南東部地震
二〇〇四年	四月　一日	居住安定支援制度施行
	七月一三日	新潟豪雨
	一八日	福井豪雨
	八月三〇日	台風一六号
	九月　五日	紀伊半島沖地震
	一〇月二〇～二一日	台風二三号
	二三日	新潟県中越地震
	一二月二六日	スマトラ沖大地震でインド洋に大津波

■三宅島噴火と避難の年表

二〇〇〇年	六月二六日	火山性地震が頻発、噴火の恐れがあるとして気象庁が「緊急火山情報」
	七月　八日	三宅島の雄山山頂から最初の噴火
	二六日	豪雨で大規模泥流被害
	八月一八日	噴煙が上空一万四〇〇〇メートルに達する最大噴火発生。全島に降灰。
	二九日	低温火砕流が発生。児童・生徒全員が島外に避難
	九月　二日	三宅村、全島に避難指示を発令
二〇〇一年	一八日	一時帰島の第一陣が島に四時間滞在
二〇〇二年	八月　四日	児童・生徒が避難後初めての一時帰島
二〇〇三年	三月三一日	島北部に脱硫装置を備えた避難施設「クリーンハウス」が完成
	四月一八日	三泊四日の滞在型一時帰宅始まる
二〇〇四年	二月一五日	三宅村長選で村復興調整担当課長だった平野祐康氏が初当選
	四月二四日	帰島に向けた住民説明会始まる
	五月一七日	全世帯を対象に帰島の意向調査を開始
	六月三〇日	火山噴火予知連絡会が「火山活動が活発化する兆候見られず」との見解まとめる
	七月　一日	三宅村が安全確保対策専門家会議を立ち上げる
	二〇日	平野村長が全島帰島を宣言
	二七日	村が帰島に向けて島に現地対策本部を設置
	九月一七日	「島民の二〇五二人（六割強）が帰島の意思がある」と村が発表
	一一月　三日	商店などの再開準備のため先行帰島始まる
	三〇日	二年ぶりの小規模噴火
二〇〇五年	一月　五日	村長が二月一日の避難指示解除を発表
	一九日	村役場が島で業務再開
	二月　一日	避難指示解除。帰島第一陣が出発

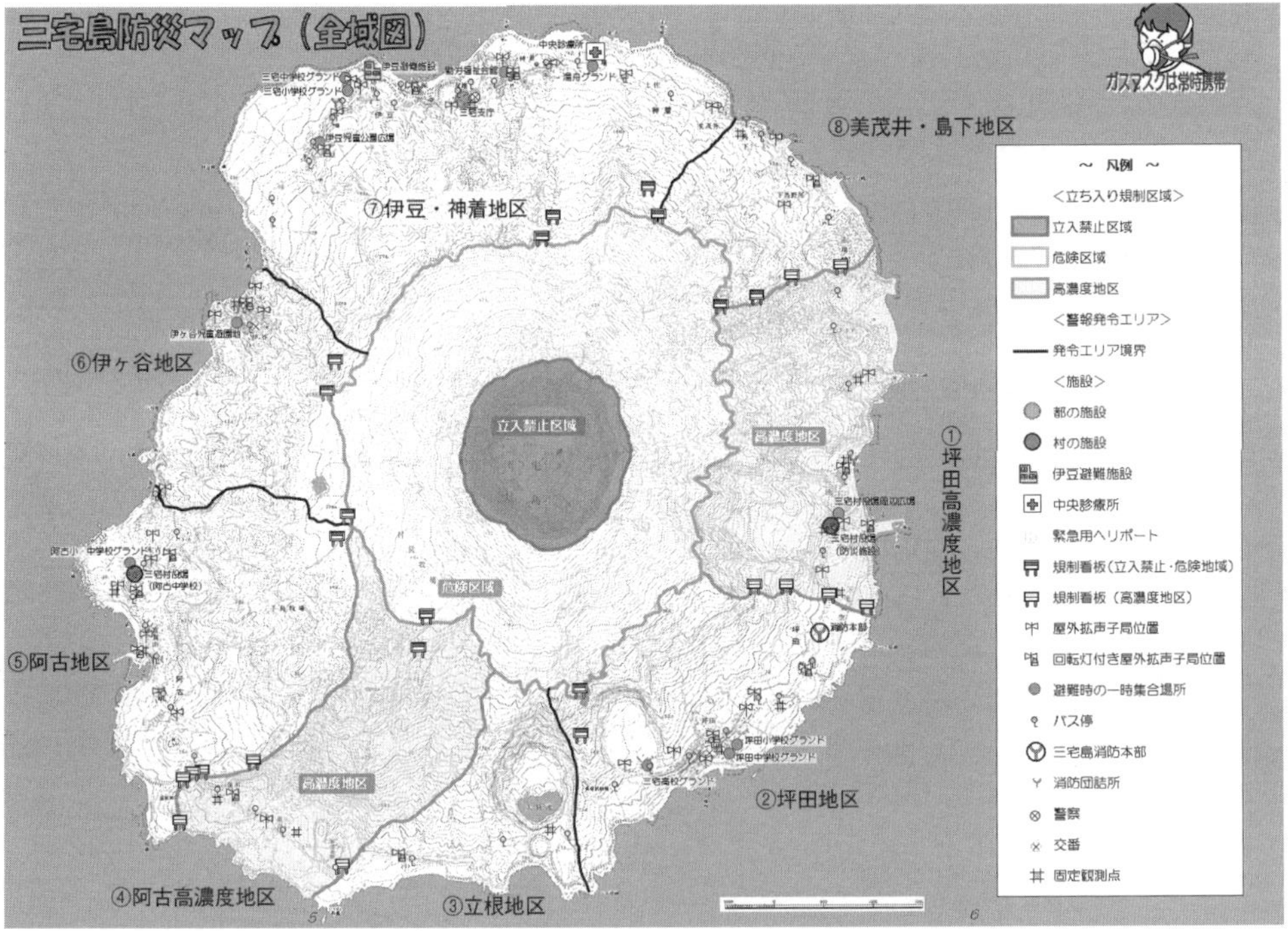

三宅島防災マップ　　http://www.sabo.or.jp/saigai/200502-miyake.htm

■災厄二〇〇四年

◇新潟・福島豪雨災害◇

七月一二日〜一三日、一四日〜一八日

・破堤　五十嵐川、刈谷田川、能代川、猿橋川、中之島川、稚児清水川、鮭川

・被害

死者……………………一六人（新潟一五、福島一）

傷者……………………四人（新潟三、福島一）

全壊……………………七〇棟（新潟）

半壊……………………五三五四棟（新潟）

一部損壊………………九四棟（新潟）

床上浸水………………二一四九棟（新潟二一四一、福島八）

床下浸水………………六二〇八棟（新潟六一一八、福島九〇）

（消防庁調べ、〇四年九月一〇日現在）

◇福井豪雨◇

七月一七日〜一八日

・破堤・越水　足羽川、日野川、清滝川

・被害

死者	四人
行方不明	一人
傷者	一九人
全壊	六六棟
半壊	一三五棟
一部損壊	二二九棟
床上浸水	四〇五二棟
床下浸水	九六七四棟

（消防庁調べ、〇四年八月二七日現在）

◇台風一〇号・台風一一号に関連する大雨◇

台風一〇号　七月二九日〜八月二日

台風一一号　八月四日〜五日

・被害　高知県、愛媛県、香川県、徳島県、山口県、広島県、岡山県、和歌山県、奈良県、兵庫県、大阪府、京都府、三重県、東京都（一四都府県）

死者……………………………三人
傷者…………………………一九人
全壊…………………………一二棟
半壊…………………………一五棟
一部損壊……………………六五棟
床上浸水……………………二一八棟
床下浸水……………………二四二〇棟
（消防庁調べ、〇四年一〇月一九日現在）
がけ崩れ……………………五三カ所
土石流………………………一七カ所
地すべり……………………六カ所
（国交省調べ、〇四年八月六日現在）

◇台風一五号◇

八月一七日〜一八日

・被害　熊本県、高知県、愛媛県、香川県、徳島県、山口県、岡山県、島根県、鳥取県、兵庫県、京都府、静岡県、石川県、新潟県、山形県、秋田県、岩手県、青森県、北海道
（一九道府県）

死者…………………………一〇人
傷者…………………………二三人
全壊…………………………一七棟

半壊……二三棟
一部損壊……二一二棟
床上浸水……六九五棟
床下浸水……二三三九棟
(消防庁調べ、〇四年八月二七日現在)
がけ崩れ……一七カ所
土石流……一五カ所
(国交省調べ、〇四年八月二〇日現在)

◇台風一六号◇

八月三〇日~三一日

・被害　北海道、青森県、岩手県、宮城県、秋田県、山形県、福島県、茨城県、埼玉県、千葉県、東京都、神奈川県、新潟県、石川県、福井県、長野県、岐阜県、静岡県、愛知県、三重県、滋賀県、京都府、大阪府、兵庫県、和歌山県、鳥取県、島根県、岡山県、広島県、山口県、徳島県、香川県、愛媛県、高知県、福岡県、佐賀県、長崎県、熊本県、大分県、宮崎県、鹿児島県(四一都道府県)

死者……一四人
行方不明……三人
傷者……二六七人
全壊……二九棟
半壊……九五棟

一部損壊…………………………………七〇三七棟
床上浸水………………………………一六七九九棟
床下浸水………………………………二九七六七棟
（消防庁調べ、〇四年九月一五日現在）

がけ崩れ…………………………………三五カ所
土石流……………………………………一三カ所
地すべり……………………………………四カ所
（国交省調べ、〇四年九月二日現在）

◇紀伊半島南東沖地震◇

《紀伊半島沖》

九月五日一九時七分
紀伊半島沖（北緯三三度〇一分、東経一三六度四八分）深さ約三八キロメートル
マグニチュード六・九
最大震度　奈良県下北山村、和歌山県新宮市で震度五弱
・被害　軽傷者六人（消防庁調べ、〇四年九月一三日現在）

《東海道沖》

九月五日二三時五七分ごろ

東海道沖（北緯三三度〇八分、東経一三七度〇八分）深さ四四キロメートル

マグニチュード七・四

最大震度　三重県松阪市、香良洲町、奈良県下北山村、和歌山県新宮市で震度五弱

・被害　重傷六、軽傷三〇の負傷者三六人、家屋の一部損壊四（同）

◇台風一八号◇

九月七日〜八日

・被害　北海道、青森県、岩手県、秋田県、山形県、茨城県、群馬県、新潟県、富山県、石川県、福井県、長野県、岐阜県、静岡県、愛知県、三重県、滋賀県、京都府、大阪府、兵庫県、奈良県、和歌山県、鳥取県、島根県、岡山県、広島県、山口県、徳島県、香川県、愛媛県、高知県、福岡県、佐賀県、長崎県、熊本県、大分県、宮崎県、鹿児島県、沖縄県（三九道府県）

死者……………………………四一人
行方不明………………………四人
傷者……………一三〇一人（うち重傷二〇五人）
全壊……………………………一〇九棟
半壊……………………………八四八棟
一部損壊……………………四万二一八三棟
床上浸水………………………一五九八棟

床下浸水……………………六七六二棟
（消防庁調べ、〇四年九月一五日現在）

※広島県廿日市市の木材港沖合で、カンボジア船籍の木材運搬船が沈没。ロシア人乗組員一八人が遭難。うち一四人救助、四人死亡。
※山口県下松市の笠戸島で、インドネシア船籍貨物船が座礁。インドネシア人乗組員二三人が遭難。うち一九人死亡、三人行方不明。

◇台風二一号◇

九月二九日～三〇日

・被害　青森県、岩手県、秋田県、山形県、千葉県、東京都、福井県、岐阜県、静岡県、愛知県、三重県、滋賀県、京都府、大阪府、兵庫県、和歌山県、鳥取県、島根県、岡山県、広島県、山口県、徳島県、香川県、愛媛県、福岡県、佐賀県、長崎県、熊本県、大分県、宮崎県、鹿児島県、沖縄県（三二都府県）

死者……………………二六人
行方不明………………一人
傷者……………………九七人
全壊……………………七九棟
半壊……………………二七三棟
一部損壊………………一九三六棟
床上浸水………………五七九八棟

床下浸水……………………一万三八八三棟
（消防庁調べ、〇四年一〇月一五日現在）
がけ崩れ……………………四七カ所
土石流……………………四一カ所
地すべり……………………六カ所
（国交省調べ、〇四年一〇月四日現在）

◇台風二二号◇

一〇月九日〜一〇日

・被害　秋田県、福島県、茨城県、栃木県、群馬県、埼玉県、千葉県、東京都、神奈川県、山梨県、長野県、静岡県、愛知県、三重県、沖縄県（一五都県）

死者……………………七人
行方不明……………………二人
傷者……………………一六六人
全壊……………………一三五棟
半壊……………………二八七棟
一部損壊……………………四五〇八棟
床上浸水……………………一五六一棟
床下浸水……………………五四八五棟

（消防庁調べ、〇五年二月二三日現在）

がけ崩れ……………………………七五カ所
土石流………………………………一五カ所
地すべり……………………………八カ所
（国交省調べ、〇四年一〇月一三日現在）

◇台風二三号◇

一〇月二〇日～二一日

・被害　福島県、茨城県、栃木県、群馬県、埼玉県、千葉県、東京都、神奈川県、新潟県、富山県、石川県、福井県、山梨県、長野県、岐阜県、静岡県、愛知県、三重県、滋賀県、京都府、大阪府、兵庫県、奈良県、和歌山県、鳥取県、島根県、岡山県、広島県、山口県、徳島県、香川県、愛媛県、高知県、福岡県、佐賀県、長崎県、熊本県、大分県、宮崎県、鹿児島県、沖縄県（四一都府県）

死者……………………………九五人
行方不明……………………………三人
傷者…………………………五五二人
全壊…………………………八九三棟
半壊………………………七七六四棟
一部損壊…………………一万八四一棟
床上浸水…………………一万四三三〇棟

床下浸水……………………四万一二三八棟
（消防庁調べ、〇五年二月二三日現在）
がけ崩れ…………………………九六カ所
土石流……………………………三〇カ所
地すべり…………………………三七カ所
（国交省調べ、〇四年一〇月二三日現在）

◇新潟県中越地震◇

一〇月二三日一七時五六分
新潟県中越（北緯三七度一七分、東経一三八度五二分）深さ一三キロメートル
マグニチュード六・八
最大震度　川口町（震度七）

一〇月二三日一八時一一分
新潟県中越（北緯三七度一五分、東経一三八度五〇分）深さ一二キロメートル
マグニチュード六・〇
最大震度　小千谷市（震度六強）

一〇月二三日一八時三四分
新潟県中越（北緯三七度一八分、東経一三八度五六分）深さ一四キロメートル
マグニチュード六・五
最大震度　川口町、十日町市、小国町（震度六強）

一〇月二三日一九時四五分
新潟県中越（北緯三七度一八分、東経一三八度五三分）深さ一三キロメートル
マグニチュード五・七
最大震度　小千谷市（震度六弱）

一〇月二七日一〇時四〇分
新潟県中越（北緯三七・三度、東経一三九・〇度）、深さ一二キロメートル
マグニチュード六・一
最大震度　応神村（現魚沼市）、守門村（現魚沼市）、入広瀬村（現魚沼市）＝震度六弱

◆一〇月二三日の有感地震回数一六四回（震度七＝一回、六強＝二回、六弱＝一回、五強＝四回、五弱＝三回、四＝一五回）
◆避難者数（ピーク）一〇万三一七八人（三四市町村）＝一〇月二六日正午
◆被害（二〇〇五年三月一八日午前九時現在、新潟、長野、埼玉、福島、群馬県）

死者……………………………………四六人
傷者……………………四八〇一人（うち重傷六三七人）
全壊……………………………………二八二七棟
半壊……………………………………一万二七四六棟
一部損壊………………………一〇万一五〇九棟

（消防庁調べ、〇五年三月一八日現在）

※一〇月二三日（土）午後五時五六分、新潟県のほぼ中央に位置する小千谷市（北緯三七・三度、東経一三八・八度）付近を震源に発生したマグニチュード六・八の直下型地震。北魚沼郡川口町で阪神・淡路大震災以来という震度七を記録したのをはじめ、本震発生後二時間の間に三回の震度六（弱が一回、強が二回）、地震発生日に計一六四回の有感地震を観測するなど、激しい余震が続いた。このため、ピーク時には一〇万三〇〇〇人の人たちが避難。四六人の死者のうち、直接死は一六人で関連死の方が多いという異常な現象を生じた。ことに激しい余震に怯えて避難所に入れず、車中泊をする人が続出、お年寄りを中心にエコノミークラス症候群で亡くなる人が相次ぎ、問題となった。また、中越地震の特徴は道路や宅地が崩壊する地盤災害で、山古志村などでは土砂で川がせき止められ、いくつも天然ダム湖ができ、集落ごと湖底に沈むなどの被害も出た。新潟県では、これら被害の深刻さから「新潟県中越大震災」と命名、〇四年一一月二九日から使用を始めた。さらに、一九年ぶりの豪雪が追い討ちをかけ、被害が拡大した。

〈本文写真提供〉

朝日新聞社　25 頁、29 頁、35 頁、51 頁、57 頁

新潟日報社　41 頁、45 頁

あとがき

その後に触れなければいけないだろう。

新潟県中越地震の象徴的存在となった山古志村は四月一日を期して長岡市に編入合併された。山古志村の長、長島忠美さんは新設された長岡市の特別職「復興管理監」を引き受けた。「全村避難」。村始まって以来の決断をした身として、責任を果たせるところに姿をさらしておきたい、との思いからだった。

新潟県長岡市陽光台四丁目一七五八番地一八応急仮設住宅A―一〇〇二。長島さんの現住所だ。三月半ば、仮設住宅街を回った長島さんはお年寄りから直訴を受けた。「村長！　おいてかないでくれ。一緒に連れて帰ってくれ」。通り一遍の激励では納得してもらえないだろう。そう察した長島さんは、「四月から仮設の村長になって、みなさんが全員村に帰ったことを確かめてから、最後に仮設を出ますよ」と約束した。

行政地名から消えた村。川がせき止められて水没した集落もある。道路もずたずただ。「帰村はあきらめて、長岡市に集団移転を」という圧力も強かったに違いない。しかし、合併を前にした住民意識調査では九三％の人が「みんな一緒に村へ帰りたい」と答えた。

「九三％ではなく、一〇〇％の人たちが帰れる道を示してあげたい」。それが長島さんの決意だ。消えてなくなる村の復興プランがまとまった。

その第一章、『「帰ろう山古志へ」……私たちが山古志で暮らすことの意義』には次のような宣言が記されている。

被災した「山古志」、それは私たちのかけがえのないふるさとです。

四季の薫り豊かな自然、その中での棚田の米づくり、錦鯉の養殖、牛の角突き、すべてが私たちの暮らしであり生きがいでもありました。日課の裏畑での野菜づくり、時折会いにきてくれる都会の孫たち、山の生活の中で築かれてきた家族の絆、友人の絆、集落の絆……。

私たちはこれまで安心できる環境の中で健康に暮らしてきました。

この「山古志」でなければ元気に暮らしていけない人たちがたくさんいます。

長い年月を経て築き上げてきた心のふるさと、いのちのふるさと「山古志」で、もう一度暮らしたいと願う熱い想いを皆で必ず実現します。

新潟県中越地震は地盤災害だといわれる。ずたずたになったインフラを前に集落を移転させればいい、との乱暴な議論もある。

阪神・淡路大震災では、老朽化した密集市街地を解消する目的で実施された区画整理と再開発が社会的弱者を街から閉め出した。芸予地震では、危険防止を掲げた急傾斜地の修復工事で住民たちは立ち退きを余儀なくされた。そもそも災害復旧・復興事業とはだれのためにあるのだろうか。

鳥取県の片山善博知事は「霞が関と現場の考えが食い違っているときは現場を優先することだ」と言い切る。長島さんは「一番やらなければならない復興対策は被災者の不安を解消することです」という。

そもそも、災害列島でありながら、わが国の災害法体系には「復旧」「復興」について、しっかりした定義がない。被災者への支援は「急場しのぎの仮復旧」と、その後に続く「自助努力」で、あまたの災害に対応してきた。自力再建できない人には「最低限の救貧施策」と「限定的な公的支援」が用意されているものの、戦後間もない物資不足の時代に考えられた法理が成熟・高齢化時代に通用するとはとうてい思えない。

いや、日常的に災害が発生している列島で、被災者支援が体系化されていないこと自体、不思議なことだ。失われた生活を旧に復することなど、土台、無理な話だ。失われた命を蘇らせることもできない。ならば、法は、社会は、被災者が再生的に復興の歩みを始められる支援に力を貸すべきではないか。それが災害列島に住む者同士の生きていく知恵だろう。山古志の復興プランが指摘するように、住まい・集落は「家族の絆」「友人の絆」という有機的な人間のネットワークが交錯する結節点である。その土地でなければ成立しない生業（なりわい）の場でもある。「情」を「行政サービス」に、「なりわい」を「自助努力」に置き換えることなどできない。

人間の生活再建は「再生的復興」でなければならない。被災前とは違った生きる目標が与えられる。そんな支援であってほしい。当然、公的援助にもたくさんの選択肢が用意されるべきだろう。現金支給の是非論や私有財産自己責任論といった不毛な議論など、もうごめんだ。いわんや効率、防災都市づくりなどを復興の目標に掲げるなど不遜極まりない。

未来にどんな復興像を結んで支援をするのか。そのためにはどういった手法の支援が適切なのか。そのための財源は公助なのか、共助なのか。そんな建設的な議論と考察を望みたい。

二月一二日に、「被災地の協働で復興制度を考える-第一回被災地交流集会 at KG」と題して開催した被災地会議は、その第一歩だ。新潟県中越地震（二〇〇四年）や、今年二月に全島帰還が始まった三宅島火山災害、二〇〇四年の豪雨災害、さらには有珠山噴火災害（二〇〇〇年）、鳥取県西部地震（同年）、阪神・淡路大震災（一九九五年）、奥尻島津波災害（一九九三年）、雲仙普賢岳噴火災害（一九九一年）などの被災地から約百人の人たちに関西学院大学へ集まっていただいた。恐らくこれだけの被災地から関係者が集まったのは本邦初だろう。被災の体験と知恵を共有するため、一つのテーブルについていただいた試みは、孤立していた被災地をつなぐ手だてとして大いに注目を集めた。

愛の預託制度とでもいうべき被災住宅の共済制度、個人再生法を下敷きにした被災再生法、戸建て公営住宅を組み込んだ集落再生計画、財産区・入会権をヒントにした共助の制度化……。集会では、さまざまなアイデア、提案が一度には消化しきれないほど相次いだ。この成果を一過性のフローにしてはならない。五時間半という長丁場の会議があっけなく感じられるほど濃密な論議を世にお届けしたい。そんな思いから、この記録の刊行を思い立った。

災害ごとに、被災地ごとに違う教訓・支援策を集め、普遍化する。各地の被災体験を共有化し、共通項を探り出す。「人間復興」の研究をここから始めたい。

関西学院大学災害復興制度研究所主任研究員　山中　茂樹

関西学院大学災害復興制度研究所

http://fukkou.net/

【理念】

自然災害に対しては、さまざまな防災対策によって、災害の被害を少なくすることはできても、災害の発生そのものを食い止めることはできない。そこで被害者の生活から地域の再興にに至るまで、災害復興に関する過去及び現在の多様な経験を検討し、復興のあり方を探る。また、今後の災害対応で最も重要な力となるのは、「公」である行政と、「私」の市民や企業が境界を越えたところで築いていく連帯感と公共意識である。被災者を軸として、行政・専門家・ボランティア・NPOなどが「協働」して復興を進めていく中で、新たな公共意識や公共空間のあり方を追求する。

被災地協働　第一回全国交流集会から

2005年7月30日初版第一刷発行

編　　者　関西学院大学災害復興制度研究所
制作協力　関西学院大学大学院社会学研究科
　　　　　21世紀COEプログラム
　　　　　「人類の幸福に資する社会調査」の研究
発 行 者　山本栄一
発 行 所　関西学院大学出版会
所 在 地　〒662-0891　兵庫県西宮市上ケ原一番町1-155
電　　話　0798-53-5233

印　　刷　協和印刷株式会社

Printed in Japan by Kwansei Gakuin University Press
ISBN 4-907654-77-4
乱丁・落丁本はお取り替えいたします。
http://www.kwansei.ac.jp/press